Ce recueil est divisé en quatre
livres ; chaque livre comprend
d'abord un certain nombre de
planches chiffrées, suivies de
planches non chiffrées, auxquelles
on a donné une numérotation
factice au crayon au verso des pl.
Dans la 2me partie, les pl. 47-48-49
semblent manquer ; la pl. 62 est en
double.
Dans la 4e partie, il n'a pas été
tenu compte de la numérotation
gravée.
        Z. anc.
        896.

1746

Il decouure la verité. La verité est plus forte que le mensonge.

LA VERITÉ

aye du bien mais regarde dou il vient.

LE PROVERBE

Ie néspere ny ne croy, sinon ce qu'ie voy.

Telle menace qui craint.

Il est bien masqué

LL POLITIQVE

LE MORAL

Il est braue au despend d'autruy

messire et ses

Iean cocolier

RECVEIL DES PLVS ILLVSTRES PROVERBES,

DIVISES EN TROIS LIVRES,
LE PREMIER
Contient les prouerbes moraux
LE SECOND
Les prouerbes joyeux et plaisans
LE TROISIESME
Represente la vie des Güeux en prouerbes mis
en lumiere par Iacques Lagniet a PARIS
sur le quay de la Megisserie ou sort l'Euesque.

La verite comme l'huille va tousjours par dessus.

La verité encor quelle soit amere elle scaulle.

La verité est verte, elle est malaisée a rom=
pre comme le bois vert.

La verité jamais ne se change, ains est ferme
en toutes choses, et comme elle nasquit belle,
elle se prise d'aller toute nuë, elle est fait estat
et s'y plaict.

LIVRE PREMIER.

Il est au saffran

Si la quabraze dournit,
jamais pauaré on nauroit

Marchand qui pert ne peult rire

Il rit bien
qui rit le
dernier

La musique nous plaist il est doux de louïr
Mais un marchand qui pert ne peut se resjouïr
Tout ne vient   pas tousjours a souhaict
qui pert son bie   Quelque fois il remporte
pert son sens .   a sa maison dequoy pleu
rer.

Le Tourneur.

Au. mestier. que. Je. fais. Je. Vais. tout. rondement.
et. Je. ne. Cherche. point. aucun. autre. mistere.
mais. Je. C'oy. bien. qu'il. faut. proceder. autrement
si. Je. ne. Veux. toujours. Vivre. dans. la. misere

Amour de femme et caresse de chien,
Tout n'en vaut rien, si tu ne leur dis tien.

Temps pomelé et femme
fardée ne sont pas de
longue durée.

Il est honneste homme il
tient sa promesse.

Amour et deniers   ne   peuuent
estre scelez.

Qui entretient   femme et feu de bois
il mourra en pauureté.

4

plusieurs testes en un chapperon.

Quand tout le monde est bien d'accord
Ionne crains pas mesme la mort

Le monde est tout rond, qui ne
scait nager va au fond.

Il est heureux comme le poisson dans
l'eau.

qui de deux est le plus utile
d'un marchand ou d'un chicaneur
l'un est pire q'une cheville
l'autre un presage de bonheur

A tuer des porceaux plaisir et jeu,
au manger des boudins plaisir et risee,
au payer des deniers fascherie   et
douleur. On les voit du marché
aux porceaux.

it n'est pas eschappé qui traine son lien.

Vn marchant de pourceaux porte plus de proffit aüx Villes q'un Chicaneur.

de ce sac trois personnes sortent
dont les mestiers sont differens
neantmoins tous trois se raportent
à tromper les honestes gens

Tout sert en mesnage
Il faut plus desrober que
gagner pour estre riche.

Experience

Penant compte un Fondeur
de Cloche

Chacun tire a son profit

7 il ne scauroit sortir d'un sac que se qui y est

Ils sont bien riches ils ont...

bien souuent l'on uoudroit tenir
ce qu'on ofimoit on refuse
mais l'honeste nous abuse
car il se fault entretenir

Le saigner, le purger, s'il meur l'enterrer
Le Medecin, le Confes... seur, et l'aduo:
...at ne trompa pas : ... c'est a dire
ne tour cella la ... verité

cracher
au bassin

tel refuse
qui apres
muse

tel refuse d'une main quil le uoudroit tenir de l'autre

Cette rencontre est admirable
Ce nest pas un effet commun
Si chascun cherche son semblable
Ces deux vieux mõntš nõn ferõtqun

Jl est en Cage

monsieur nant bien madame

Il est
trebuchet
Elle a du nez:

pris au

belle rencontre.

9

Chacun cherche son semblable, il nest point de laides amours ni de belle prison.
...ur le qay de la Megisserie au fort L'euesque.

Ieunesse et folie,
Sont deux mauuaise mayterie

la gloire ne fut
jamais sans folie

Vent damont,
vent de galer-
ne, et vent du
cul d'vne
femme
sont 3
mau-
uais
vent

Plus
heureux

que
sage

Fille braue
ou mignonne
c'est vne callebas
se creuse, legere,
et esuentée, si
tu luy donne
vn pieds dabun-
don elle en prendra
deux

Il veut faire
croire que
vessies sont lanternes.

La folie auec la jeunesse,
Ne nous causent honneur ny richesse.

Comme le chien pisse a toute heure
Ainsi la femme rit et pleure.

La bonne beste, il la
montre au doit.
Femme oyseuse ne
peut estre vertueuse.

Larmes de Crocodile

ouy dire

Va par ville & par
village ceux qui se
croyent ne sont
pas sages

12

Qui veult ouir et qui veult tout sçauoir
Doit estre par le corps tout parsemé d'oreilles
Tout le monde y acourt, ouy dire appouuoir
De faire tant aux champs qu'aux villes belles des merueilles

Medecin

rendre
gorge

Achevbie

MonteMiDY

I.Lagnet

Il faict bon signer toutes gens
quand babi n'en point d'argent

15

la conscience
qui seluzaupias

Espagnol dont la fain n'est jamais assouuie.
Il vous fault rendre gorge ou bien perdre la uie
Seigne seigne francois oliure bien teste ucine
Il faict chercher le mal jusques a la racine

O prodige nouueau quelle estrange matiere.
Par ce uomissement du douant et derriere
Ie ne scaurois plus uoir uos grimasses estranges
Prestes de grace un peu du jus de ces oranges

14 *Trop gratter cuit: trop flatter nuit*

Credit est mort
il le faut payer

CREDIT EST MORT

Courons petits et grands à cet enterrement
Nostre credit est mort, sa gloire est en fumée,
Il ne nous reste plus qu'vn peu de renommée,
Que nous allons poser dessus son monument.

Si prete non rid, si rid non paie, si paie non tel, si tel non gré,
15 Car à prester cousin germain, au rendre fils de putain.

Rotisseurs, Hosteliers, Chaircuitiers, boulengers,
Depuis que le Credit fut mis dessous la tombe,
Ne prestent a pas vn soient voisins ou estrangers,
Par les mauuais payeurs, sur tout ce malheur tombe.

Les grands et les petis souffrent fort maintenant
Quils nont plus de credit l'assistance propice;
Chacun pleure et larmoye, hautement se plaint
Comme vn enfant qu'on seure de sa nourrice.

ILS CHERCHENT
MIDY OV IL NEST
que onze heures.

Bonne gens ie ne vous peu voir:
l'Heure les presse ils ne peuuent
trouuer ce quils cherchent.

Vous bonne gens qui cherchez,
Montmidy,
Vous ne le trouuerez pas en ce pais
cy.
Le Marechal de la Ferté,
L'a reduite, pour sa Majesté.

Gens sçauaus, ignorants, riches et indigents,
Qui rendez par vos soins vos fortunes meilleurs,
Helas que faites vous? vous ressemblez ces gens
Qui cherchent vn midy ou il ny a quonze heures

En cet an plusieurs chercheront,
Le midy quils ne trouueront,
Ce sont ceux qui chercheront au monde,
Leur bon-heur ou mal-heurs abonde.
Ils trouueront onze heure du doit,
Mais le Midy point ne paroit.

Ils veullent prendre
ce quils n'auront
iamais.

Menteurs comme
arracheurs de
dents
ou le soleil luit la Lune
n'y a que faire.

Ces grands entrepreneurs tous ces habilles gens,
Qui font plus de desseins quils n'ont pas de durée
Ressemblent a ces fols qui pandant la serée,
S'efforcent d'atraper la Lune avec les dents.

17

Martin baston
qui ne rirroit

Le plus fort porte les coups

Un asne boiteux, un rousseaux, et le
Diable, c'est tout un
La faute de l'asne on l'impute à

on rejette tousiours
la faute sur
autruy.

Maladie se
n'est jamais
sans peine

Martin baston a beau housser
Le dos, l'eschine et la maschoire
C'est asne sans soif ne veult boire
Son maistre ne l'y peult forcer

10. C'est folie de faire boire un Asne s'il n'a soif.

Cette Blanque auquel
plusieurs hommes
tant femmes à autre
ont perdu grand âme
en rapportant que
coureux sriodent
ce iu, ce fait à tous
également
murs donner
Voyez tereurs liens
coupes tasse Ceuivres
Carquant, vases
le prix à la prix
et autre, bien dont
red de ces billes écrits
on homme est entre
ces deux Monde
de ir deux main
iure les billes du Monde
mais enfin ce billes
trompent le plus jouant
sont donc tant mis
que are epour se fonde
ce court aprés
ie ilanche du monde
puis que le
remplit qui de vent
globe

Elle parle des grosses dents

Le paresseux est tousjours necessiteux
Pour faire plaisir au sommeil ie n'ay ny
haut de chausses ny chemise

Il est liberal il baille a tout moment

Des grosses dents la femme a beau piaquer
Elle ne peut faire laiser son homme
Il baille fort et ne veult rien bailler
Ainsy leur temps se perd et les consomme

Qui dort jusqu'a soleil leuant, il meurt pauure finalment

Il nest pas bon bonnettier qui nen fait qua sa teste

Ils sont pris sus me senuo...

Il a trouué la piem... Nid.

Aler dit il fau...

sous ce...

Se taire et ouurir les yeux nous pren, drons la mere les petits.

Qui a peur des feuilles ne faut aler aux bois

Ainsi dit le Renard des meures Qui veut plus hault monter quil ne deuroit pretendre; Tombe souuent plus bas quil neust voulu descendre, Ainsy l'Ambitieux excedant son pouuoir, Pert souuent le bon-heur quil desiroit auoir.

22

I. Laguet ex.

Qui monte plus haut quil ne deuroit, il tombe plus bas quil ne voud.

Ils sont tous frappez a un coin Les plus fins y sont affinez Il fait de cens sols quatre liures

FOLIE

Je Souffle et je resouffle et touiours mon Soufflet | Je Souffle par deuant je souffle par derriere
Est prest a resouffler tant froide est ma matier | et en soufflant touiour on me prend pour folet

qui trop embrasse mal estrein.

I. Lagniet ex FOLIE

25

Celuy qui trop embrasse on dit quil estraint mal | Son embrasse vne part lautre part il tombe
Soubs le fais descharge vne beste succombe | Et je passe a la fin pour vn fol animal

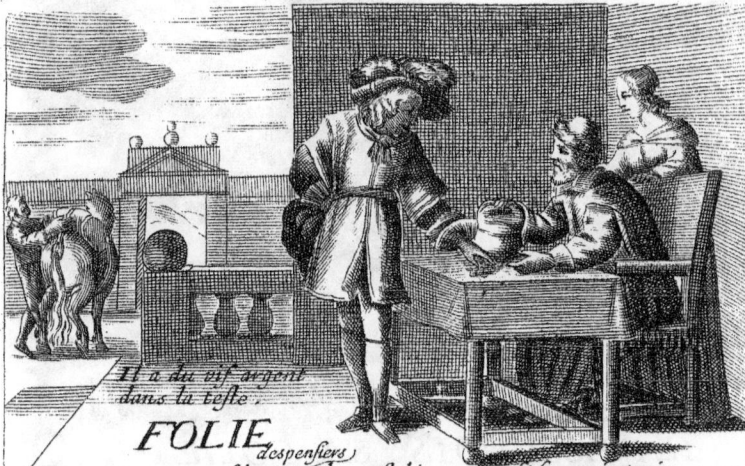

Il a du vif argent
dans la teste,

FOLIE despensiers,

Peres espargnant fils, quand on est bien on ne si sçauroit tenir.

Tu me demande conte helas pauure garson | N'importe ie sçauray, si ma finance est grande
Quelu fais mal ton conte en faisant ta demande | et si i'en iouiray hors de vostre maison

La
bonne
cherre
et le bon
temps fait

Les amours s'en vont et
les douleurs demeurent.

oublier pere et parens

FOLIE

Le bon homme a conté nous auons sa finance | Monsieur entendez vous quelque peu la despence
Filles buuons mengeons et nous reiouissons | Nous vous en donnerons des parfaites leçon

Manger des poires dangoisses.
ranger son frein.
Il faut mourir
petit cochon
il ny a plus
dorge.

IL RECOGNOIS SA FOLIE

Malheureux que ie suis mon perre auoit bien dit
que le premier Bordel seroit mon infortune

Vous qui me cognoissez, voiez ou la fortune
Mareduict par debauche ace mesme mauldit

Lenfant est sage qui
son perre cognoit.
Il vaut mieux ployer que rompre
venir a iubé.

Il se met
a son
deuoir.

IL DEMANDE PARDON DE SA FOLIE

Monperre ayez pitie de vostre pauure enfant
De son ingratitude et mauuaise conduite

Tu sois le bien venu ieunesse reduite
Ttrend de tes malheurs maintenon triomphant

On est plus en
torre qu'en prez
quand les choses
sont faites le con
seil en est pris.

La Peste
La fievre

Les bons
s'en vont et
les meschants
demeurent

Le ventre de
fievre en
chaut mal

qui mainc a ĵut
mon chien

Petit chien belle queüe

On se passe bien de telles visites.

Petit chien belle queüe
On ne sçait que les choses
vallent jusques a ce qu'on
les ayent perdües.

Par prouerbe commun, on dit la maladie
Vieut a nous a cheual et s'en retourne a pie
C'est que le plus souuent on en est estropié
Ou nous surprend deuant que l'on y remedie

Les maladies viennent a cheual & s'en retournent a pied
aussi t-l'euesque.

Il fille fa
corde.

les petis
prennent
la corde.

Les grand
s'accordeu.

Le . Cordier.

27 Puifque . en . ce . beau . trauail , Je . ne . manque . de . rien .
    a . bien . paffer . le . temps , le . bonheur . me . conuie .
    Je . fuis . riche , en . faifant . tout . au . rebours . de . bien .
    et . Ceft . a . reculons . que . Je . gaigne . ma . Vie .

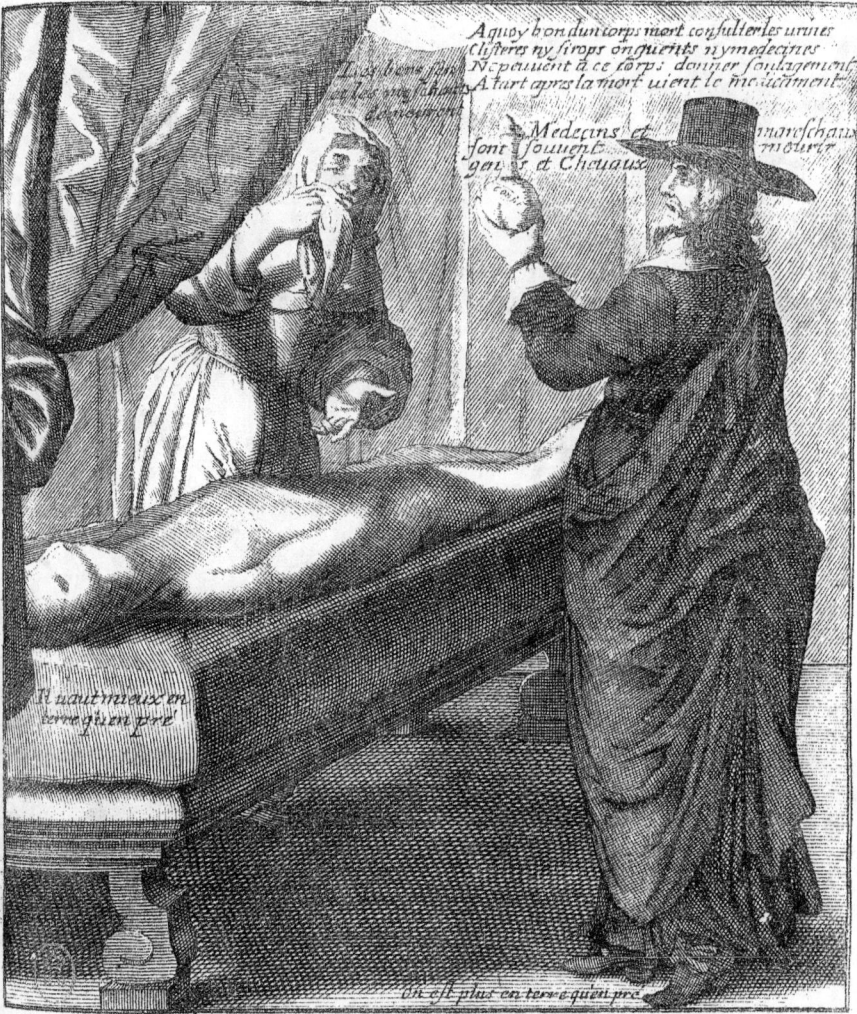

A quoy bon d'un corps mort consulter les urines
Clisteres ny sirops onguents ny medecines
Ne peuuent à ce corps donner soulagement
A tart apres la mort uient le medicament

Medecins et   mareschaux
font souuent   mourir
gens et Cheuaux

Il est bon fort
les ... doucement

Il uaut mieux en
terre gisen pre

On est plus en terre qu'en pre

28   Apres la mort le Medecin :

Il trauail en faux

2

battre le fer il faut, pendant qu'il est
bien chaut.

Le mestier qui ne lasse point est le meilleur trauail

29

r siecle tortu, le droit est hors de chance
ausser nous rit, courage forgerons,

Puisque ce beau trauail nous mest dans l'abondance
Plus nous ferons de faux et plus nous gaignerons.

I.

La femme n'a aucun moyen en
soy, car ou elle ayme, ou elle hayt
extremement, ou elle est du tout
auarre, ou est estrangement prodigue. Na.[re] sans grande raison leur
denié la force, car autrement il
eut esté impossible de viure
parmi elles

Le Mondé.

Il est chassé comme vn
peteur

L'abitne fait pas le moine
Bonne rencontre et
Prouerbe vieux
viennent lapa

Il fait de necessité vertu.

50

4

Telle a necessité nune l'en vente
pas. Nul bien sans peine.
Pauvres gens nont sacre damis.
La pauureté rend les hommes
industrieux, et les loix les
font estre bons.

31   3

Aux regles que ie fais ie va droit en besongne   Tousiours nud, tousiours gueux, ie rabotte ie coigne
Et dans le temps qui court cest tout ce qui deplait.   Mais mon rusé voisin prend le temps comme il vient

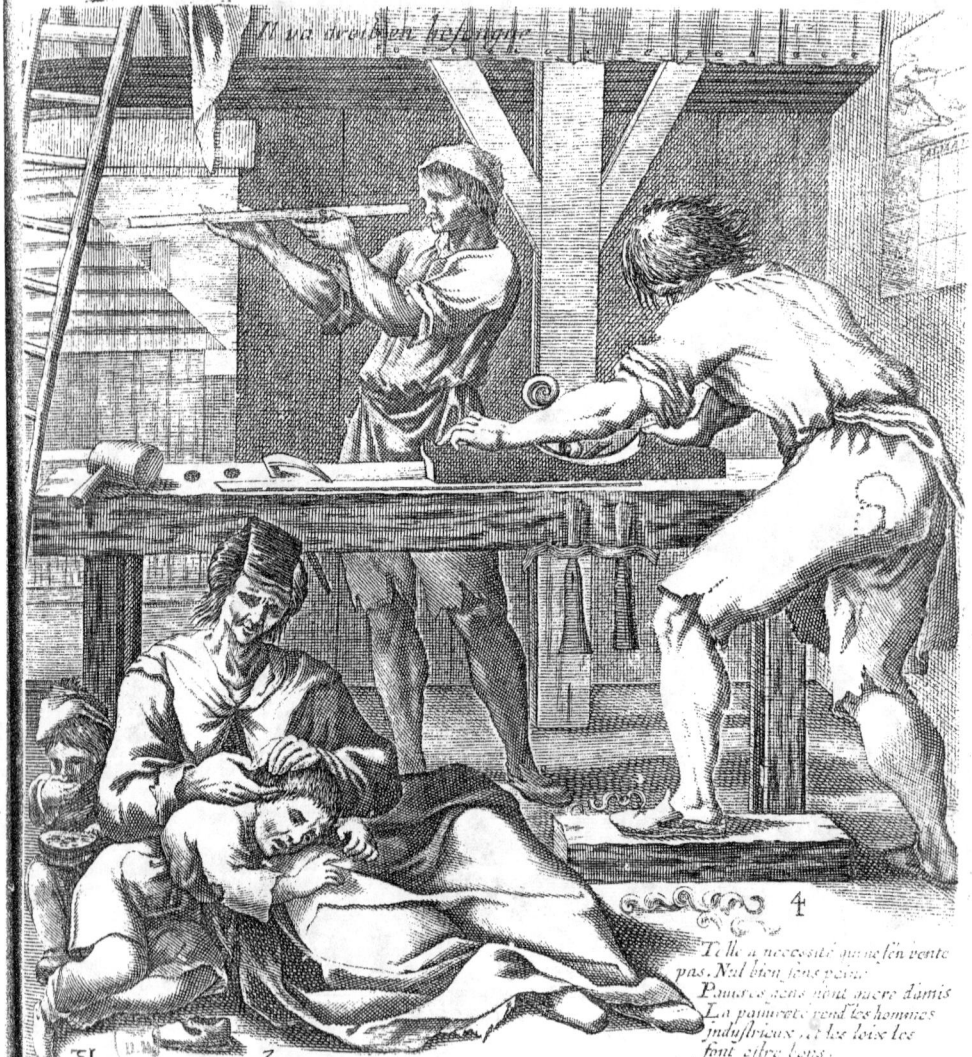

ou la force est il
ny a point de droit

Les Tondeur de draps.

leur coing s'évent
ils trouveront
a tondre sur vn
œuf

En, Ce, noble, mestier, Je, Viens, de, tout, about,
et pour, mieux, accrocher, Jay, tousiours, les, mains, torses,
Je ne puis, estre, queux, car, Je, tondz, dessus, tout,   nous les aurons
52 et si, Jay, quelque, bien, Je, lattrape, par, forces,   par force

54

Il faut mourir.

Il faut mourir.

Left panel (banner below):

Il faut mourir

L'homme remply de vanité,
Na point l'esprit asseuré,
Ie suis bien fort ie suis beau,
Et demain ie seray au tombeau

Au jour dhuy on pré, et
demain en terre.

Boulonnois fc

Right panel (banner below):

Il faut mourir

La belle plume fait le bel oyseau,
Vn bon mirouer n'est point flateur,
La gloire, et la mondanité
Nont point de lieu asseuré,
Du bouton vient la Roz, et de
la Roze le gratte-cul.

Left panel (banner above, inverted):

Hier reluisoit ma face, au jourdhuy elle
est ridée, demain elle sera oiseuse et
compaquutée.
La Mort pince et mord,
Nous auons esté comme vous,
et vous serez, comme nous,
Nostre heure est venue.

I. Lagniet ex.

Right panel (banner above, inverted):

Tout ce qui fault ne prend pas
Chacun y viendra a son tour
Pour l'Amour et la Mort,
Tel pense estre bien sain,
qu'a la mort dans son sein.

Il faut mourir

La belle plume fait le bel oyseau.
Vn bon inuenteur n'est point flateur.
La gloire et la mondanité
N'ont point de lieu asseuré.
Du bouton vient la Roz, et de
la Roze le gratte-cul.

Il faut mourir

L'homme remply de vanité,
N'a point l'esprit asseuré,
Ie suis bien fort, ie suis beau,
Et demain ie seray au tombeau.
Au jourdhuy on prec, et
demain en terre.

Bonhomme ie

Il faut mourir.

Tout ce qui fault ne prend pas
Chacun y viendra a son tour
Pour l'Amour et la Mort,
Il n'y a rien qui soit si fort,
Tel pense estre bien sain,
qui a la mort dans son sein.

34

Il faut mourir.

Hier reluisoit ma face, au jourdhuy: elle
est ridée, demain elle sera ensevelie et
empaquetee.
La Mort pince et mord
Nous auons estez comme vous,
et vous serez, comme nous.
Nostre heure est venue.

I. Lagnet cx.

Il n'est rien plus certain que la mort,
Ne rien plus incertain que l'heure;
Comme la vie nous suit
Comme la mort nous poursuit.

la mort n'espargne rien.

Il vaut mieux estre poltron et viure
un peu plus long temps.

Plus de mors moins
d'ennemis.

Il y a
adresse et
remede par
tout fors
qu'à la mort

Contre la mort il n'y a
point d'appel.

mon Alleman
meurt en buuant.

vit. Il y a remede a tout fors qu'à la mort.

Qui veut garder de s'enyurer
Quil ayt toufiours en fon penfer
Comme yurongnes et yurongneffes
Profanent vertu et fageffe.

Iurongne de pere en
fils.

Fol eft qui jette a fes pieds ce quil tient en fes
mains.

Dieu ayde a trois forte de
perfonnes, aux fols, aux Iuron-
gues et aux Innocens.

fol

bon vin foutien ton maiftre.
Innocent.

I fait des SS cupiditie

56

F. Laquet

De fol, d'Enfant, et d'yurogne, garde toy, et t'en eloigne.

FORTVNE
prospere

Les biens luy vienne en dormant

Les vns de lorient iusques au nort
Courent mille perils dessus lhumide plaine
Les autres en dormants sont menez a bon port
Sans craindre les hasar de fortune incertaine

Il n'est pas au bout de ses desseins tous les esprits ne sont pas dans une teste. Il ne fault pas bastir sur l'heritage d'autruÿ

Il fait des chasteaux en Espagne.

Cela va par compas et par mesure

Il alonge un Col de gruë

Le papier souffre tout

Il se trompe a son calcul

Il met tout de mesme mesure

Il vit de regle

Qui bastit ment. Il n'a pas bien pris ses mesures :
Il a pris un point trop hault, il n'y trouuera pas son conte.

I. Laguist e.

Trauailler, et trauailler, et jamais ne prefter

qui casse le vaire le paye.

Il ne faut que casser un vaire.

59   Le, Vitrier.

Pauure, homme, que. Je, ʃuis, malheureux, Vitrier,
helas, Il, faut, fourbir, pour, gaigner, des, richeße,
maiʃ, tout, le, monde, Voit, trop, Clair, en, mon, meʃtier,
& Je ne puis, Vʃer, de, Ces, noires, fineßes.

Tout ce qui branle ne chet pas.

Les femmes et le mulet frappe les fur le cul

Si le gibet auoit vne bouche il appelleroit beaucoup de
gens

Il est au crochet pour   La hart pour le
des chats comme vn   pendart .
friant

Pendant d'aureilles
de potence .

Il est de bas Or il
craint la touche .

Les verges pour l'enfant

Qui bien ayme bien chastie

Le baston
pour le
grand .

Autant vaut bien
battu, que mal
battu .

Ce n'est que par
deriere il n'en
voit rien .

Belle par
des lunettes

Le manche .

La hart .

Les verges .

40

L'hisToire du Ballay pour les Enfans desobeissans.

Ianuier a deux bonetz faitz eu menche des
Commence par la queüe a escorcher languille
Mais languille se glisse, et passe tout dun coup
Pensant se sauuer dans la queüe du loup
Qui prend languille par la queux et
la femme par la parolle, A la queux
git le venin. Il peut bien dire quil ne
tient rien.

Elle ressemble aux enguilles
de Melun elle crie auant
qu'on lescorche.

Qui abaye ne
mort pas.

La fain chasse le
Loup du bois

Elle se met a la
queüe du Loup

C'est un bon Chien
s'il vouloit mordre.

41

quand on parle du Loup on en voit
la queux. Il a veu le loup

Entre Chien et Loup.

quand on est auec les loups il faut hurler.

Il commence descorcher languille par la queüe.

L'Homme comme l'on dit par la langue se prend :
Les vaches et les beufs se prennent par les cornes,
Ce que le soldat tient c'est a peine s'il rend.
S'il ne tient qu'a jurer il se met hors des bornes,
Il viendra un temps que les vaches auront affaire de leurs
queux.

S'il ne tient que jurer   Il a une teste a tous.

La pauvre la vache...

Il a la jambe bien
faite et le pied bot

Qui tire ne
lasche pas.

A force de tirer la corde rompt.

42

On prend les hommes par la langue et les bestes par les cornes

Plus on a de moyens, plus on en veut auoir
Ce pauure apporte tout, bled, fruit, argent, à la dés
Ce gros Milord assis, prest à tout receuoir
Ne luy veut pas donner la douceur d'vne cuillé

a la mouche
qui volle
il ne faut
point d'aus

Il faut
paier ou
agreer.

A tous
Seigneurs
tous
honneurs.

Maigre
comme vn
leurier
datache

Le Noble est l'araignée et
le Paisan la mouche.

Plus a le Diable
plus il en veut auoir.
I. laguie

A ces *preparez ga...* que *leu ...*
chacun de ... ...

Il est dans le sac...

Nul ne se connoit
soy mesme...

Chacun tire
a soy

44

Tout le monde cherche sa commodité, tout le monde cherche a faire ses affaires, tout le monde porte enuie a tous ...
et de toutes pars au profit particulier, selon ce tire, l'autre apres, et tous ont en vn mesme amour ...
A Paris par Iacques Lagniet, dans la rue de la Megisserie, proche la ... Pon ... S. Iacques ...

Ce chariot dargent que la monoye tire,
Est bien environné des plus gros de ce temps,
Mais il est mal suiuy des pauures paysans,
Que aisette retient enchainé en son Empire.

Ils tachent bien pourtant dy pouuoir paruenir,
Et quelques vns dentre eux saduance sur la chaine,
Mais leurs efforts sont vains, pauureté les entraine,
Et leur fait eschapper ce quils pensoient tenir.

L'argent les aueugle.

Riche com-
me vn Iuif.

Quand il
seroit aussi scauant que
St. Paul sil n'a de l'argent c'est
vn sot.

Pauure fortune.

La iennesse

46   Le Chariot du Monde d'Argent.

Vn coup de langue vaut pis qu'en coup
de Lance.

C'est vne mauuaise langue.

C'est vne grande vertu que se sçauoir taire
et vice malheureux de trop parler
au contraire.

grande   aureille

courte   langue

Langue picarde
ou piquante
leurs langues
vont comme
vn cliquet d'vn
moulin
Boulangier
fait

Que leurs langues me
font de peine

Ie ne sçauois trouuer
vne bonne langue
En voyla de
courtes, de
grandes, meschantes
et friandes 46

Ie racommode les langues a la fantesie du Monde

Areste-toy Lecteur a ce present spectacle *Tamps perdu* Mais ma foy son ouvrage se tournera en vain
Pour voir un Emouleur qui croit faire miracle   Puisque de son travail il ne recevra rien
Qui pretend a grans coups de Lime et de Marteau   Suy ton meilleur avis quil laisse sa broeure
Mettre la medisance a honeur au tombeau   Et quil prenne un couteau quil apres s'apoche
Il pense en emoulant les langues medisantes   Pour leur couper la langue il gagnera bien pl
Abaisser le caquet de milles impudentes   Et de gagne petit le Surnom n'aura plus

Oui Fripon d'E-
mouleur c'est en vain
emouler ma langue
aux outrage. Tâ meule
et tes travaux ne feront
quas ... ler son
trans ... hant
lam ... rage.

il a
nege
dessus
la teste
teste vnpierre aux escus

brise comme vn bonet de nuict
sans coiffe
cest vn homme
de bien

le petit bon
homme

la vitie passe le gard
touchez la cela van faict
tout cela est bon mais de
largent vaut mieux

vrau comptempor le medecin

de lut. de medecin. damis. de vin et des gus los plus vieux
sou la maitleurs

il est bon homme si ieneut Dieu me pardone
qui prette son argeht per son bien et son chalan
vieilles debtes aident vieux pechez auilem

cest vn homme de bien
qui dortne con bien donam que meurve qui
se prette a bien soutrie vien comme ses vue

C'est vn baiser de Iudas.

Frapper en traistre

Il baise la main qu'il voudroit quelle fust bruslee

Il à le poignard de mesme.

Bras dessus bras dessous

qui cherche son malheur et
le trouue il n'a pas perdu sa
peine.

Donne loy de garde n'est pas mort.

Il n'est pas seul il y en a bien d'autres. Que vault par deuant estre amys p̃s par derriere estre ennemis

Tel va l'homme caressant qui le poignarde en l'embrassant

N'est à la mode. Il est traistée comme Iudas. et a bien des camarades Il n'a pas enuie de le nourir.

jlayme mieux friander que destudier

esfronte comme vn
page de court

bruler le jour
riole piole comme
la chandele des Roy

il ne dit mot mais il
n'en pense pas moins il
dira les tiburn de deseicelle
a parge et laquelle il n'y a

il aura sapar aux cateau
locasion faict le larron

poinct d'aquais il a plus
de malice en son peil
doict que les autre en
tout leur corps il est
plus fin gueux

il atrouue
la febue au
cateau

descouurir le
pot aux roses

50

Baulenian fecit

quand le gasteaux est partagé en tant de pars lepor hom
Jous petite   A Paris par Jacques Laquier Jur le quay dela maigiterie au fort leuesque

Teſtament

Amour
aueugle

Proce

Opinion

deteſte la malice, et le vice.
et sans procez honore la Iuſtice
ce n'eſt pas fait qui commence.

L'ambition et le grand deſir d'auoir ſont les raçines de tous maux et ceux qui en ont eſté atteins ont grandem͂t
ont, contre les maximes de la Foy, dela viennent les guerres et les proces entre vous : neſtce point dela et de
vos concupiſcences que renaiſſent ces vielles vlceres et fluxions qui trauerſent laſanté de vos menbres
leprouerbe 15 dit que lhomme colere engendre les procez et le patient en modere les euenem͂ts il y a tant
de ſortes de deſirs que beaucoup ſont jnnutiles et ſi nuiſible a lame et au corps quils portent lhomme
a la perte de lun et de lautre, en thimothee chapitre ſiſieſme.

Tien

Mien

Concorde

Charite

Paix

Amour de Dieu

Fidelité

on procède par vture pour venger ses qu'on se
aussy se procuree on son mal d'ou a do

Le Plaideur ne cherche pas son bien, mais celuy d'autruy. Corinth. 10. chacun cherch son bien. philip:
La mechâsite a esté signalée que la charité de plusieurs est refroidie. Matth: 24.
Il s'en trouve peu qui ne trouuent le chemin de la paix, & sçauent pas jugement. Isaïe: 1
Celuy qui est fans crainte n'au point de grâce d'autant que sa colere feray fa destruction. Heige:

On n'est iamais saige qu'on ne reuienne des plaits
d'vn plaid, et d'vn meschant voisin il
faut s'enéloigner soir et matin

Richesse

Patience

Impudence

Plaideur

N'attaque point ȝ·n homme riche en proces, de craite que d'un il net⁊n face naistre plusieurs et qu'en c'est embrouillement
il net⁊ face perdre ton bon droict, les amys les amyes et l'argent sont des puissans solliciteurs, ou le cil est aste, dix et au·s
prouerbes donne il est dit le trauail des fols les affligera et le chemi des meschans les trompera, et encore au·s prouerbe·s
20. honneur gloire ęt paix soit a l'homme qui s'abstient de toutes contestations c'est a faire aux fols a se metre dans les
opprobres et lascheties de cœur n'estre puis estre tout a faict insensé que de retrancher son ord·· pource-uoir
d'acquoy plaider et debatre ſ⁊proshm rialicieuſement pour ſe faire naistre un proces c'est la ebut⁊ la uie du plaideur

Aux prouerbes 18. il est particulierem.t defendu de se seruir d'un mauuais h[omm]e pour rendre sa cause meilleure ni d'un faulx tesmoin, pour illuder la verité en jugem.t la parolle et les conseils des mechants estans tousiours trompeurs, et au ps. al.12. parlant d'un mauuais pro.cur. et ad.tocat vous aues dit il confond du le conseil que vous auies a donner aux paures et enuie re aux pro.10 d'as.coel. le iuuidiaire sont pis enqueriti et agasse les d'roits et demesine que la fumee qui importune la veüe de mesme sont les ad.cats et pro.reurs parois aus muers leurs parties ils leur moysent plus qu'ils ne les seruent et la langue d'un faulx tesmoin contre son prochain est pire que toutes sortes d'armes dont l'on se sert en guerre contre son ennemi.

Fidelté doibt estre en marchandise, mais trompe qui peut.

Faußeté.

Fraude.

vn marchand accord vaut mieux qu'vn bon procez.

Notaire.   Ignorant.

D'oibre malice passe iusques a tromper vos freres. Corint. 6.   Ne trompe point. Mat. 10.
Le poids surpoids est abomination envers Dieu, et la balance trompeuse n'est pas bonne. Prou. 20.
Tout achetteur se glorifie du marchant lors qu'il le trompe. Prou. 20.
Ne fais a autruy ce qui tu voudrois qui ne te fut fait. Math. 7.

Le proces demeure apres la mort mesme telle vie telle fin.

Apres que le proces vous a bien ronge
il vous rend miserab. sur le fumier

Pauurete.   Mauuaise
                             consciance

Proces

Dun plaidaur et dun mechant homme la mort en est egalle a lun et a lautre et ne reste aucune esperance, de tous
sisgens de ceste sorte lon ne doibt auoir aucune attente que perissable le ver qui les mange ne mourra iamais ny le
feu qui les brusle ne steindra point il se demeureront en leur force et vertu iusques a ce que leurs desseins soient accomplis ils sont
si malheureux quapres auoir raui le bien des amis ils meurent en pauurete quant locasion se presentera det. accomoder
auec ta partie cours viste et ua plustost au deuant, deluy de peur quil nayt subiect de plainte contre toy et que
ce retardemat ne face naistre de nouueaux incidens qui empesche vostre accord.

sec comme vne
allumette par ses
enfans

sec comme vne
allumette par
l'vsure

sec come vne
allumette par
ses tuteurs

Ie possede de plus accursan dises
que le ciel m'aueit accroissant
dont i'etois libre et iouissant
sans en produyre en largesse
quand mes enfans par leur caro
mont tant cousté de preces
et a mes biens tant sail la guerre
que l'on me voit en desconfort
sans plus ma vie maison ni terre
depouces de iusqu'a ma mort

Pour auoir pris a double vsure
de l'argent pour me subuenir
ie precois qu'il me doit venir
en bref quelque mal aduenture
car tous les iours auec regret
mon bien se passe par decrets
et mes esprits doublent leur vente
il me fauda tout mettre en vente

Ie ne scay pas si par cautelle
mon pere auoit ses biens acquis
mais a trop-peu l'ayant acquis
ie n'ei ie fus mis en tutelle
en tay ete fort mal traite
car mes tuteurs ont tant este
qu'en pied de terre ne se trouue
si bien que pourueus en soye
ainsi que plusieurs a la voie
ie me liv crochets sur le do

LE IOVEVR *Sec comme vne Alumette par le jeu*

Cinq, trois, et lar estoit ma chance
Alors que dans les cabarets
par le mouuem.t des trois dets
s'escouloit toute ma finance, et
je s'auois le jeu du picquet
la triomphe, le l'Anisquenet,
le brelan, & plus, la sequence,
mais mon bien plus pour
pour mon entiere penitence
on ma fait petillon du jeu.

LE BRAVE
Sec comme vne alumette par la brauerie

pour auoir esté trop superbe
en habits et riches atours
il me fallot vendre tous jours
toutes mes terres jusqu'à l'herbe
au lieu d'habits de tafetas,
je suis vestu de Canions
por mon muse, et por ma mie,
je souphre jour d'un bouc camp
bref je n'ay pour demeurer
sus on n'ay pas une
ruelle.

laquier exc

Cele ton secret.
parle peu.
sois veritable.
ne sois point hatif
ne te courouce sans
cause raisonnable.
fuis toute noise.
ne blasme persone
ne desprise les vas-
ures.
honore les grans.
ne te trouble de
vin.
te souuienne
de mourir.
sois misericor-
dieux.
ne ta cõpa-
gne dinco-
gnu.
ne crois
de leger.
sois benin
à tous.
familier à veu.

ne te fie à celui qui auras été ton
ennemy.
ne te tourmente de la chose
reprochable.
ne te siouis de l'aduersité
d'autruy.
ne prend question contre
plus grand que toy.
songe deuant ton par-
ler ce que tu auras
a dire.
ne di ton secret.
afols ni a enfans
sois droicturi-
er.
forme en
aduer sité

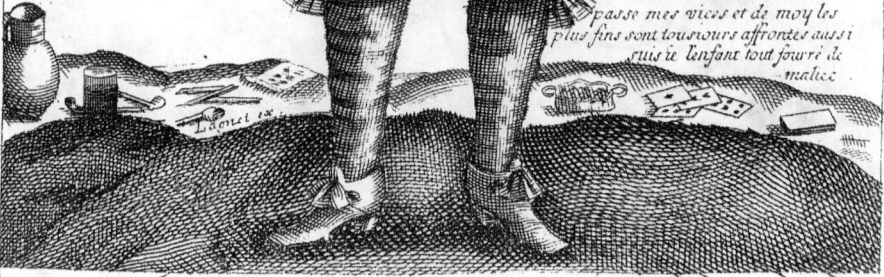

FINEANT FOVRRE DE MALICE

1. Singe.

2. Soliciteur de procez.

3. Recor.
4. Filou.
5. Appareileur.
6. escolier.
7. laquai.

1. Renard.
2. elle est sans fard
la bonne piece.
3. baille ligou.
4. dame serieuse.
5. cette vne fille
vous monterai
bien elle a fait bou
cher le trou de
son honeur de
peur qu'il ne
sorte.

Vous qui me contemplis
icy de toute part combien
ces gens sont pleins de finesse
et aussi les singes et les renards
auquel me suis orne en la
fleur de Ieunesse.

Iay dedans mon es
prit cent mille subtili
tés nul en ces actions ne sur
passe mes vices et de moy les
plus fins sont tousiours affrontes aussi
suis ie lenfant tout fourré de
malice.

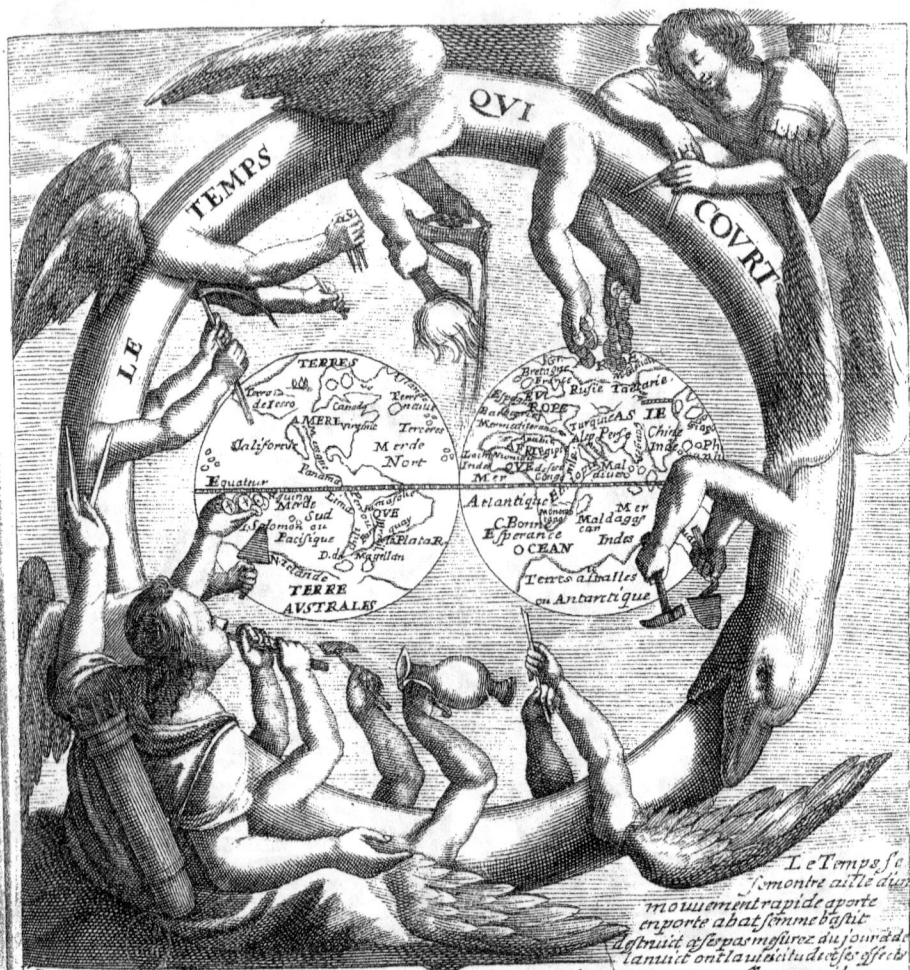

LE TEMPS QUI COVRI

TERRES
ORIENTALES
Terre de Iesso · Terre Onaue · Canada · Virginie · Terres Neuue · AMERI · Californie · Mer du Nort · Mer de Panama · Equatur · QVE · Mer du Sud · Salomon ou Pacifique · la Plata R. · D. de Magillan · Nielande · TERRE AVSTRALES

EVROPE · Bretaigne · Espe · Italie · Russie Tartarie · Moscouie · Mediterranee · Turquie · ASIE · Alep Perse · Chine Ind · OPH · Indes · Mer · EGIPTE · desert · Mal · Mer · Atlantique · C. Bonne Esperance · OCEAN · Mer Maldaggar · Indes · Terres a balles ou Antartique

Le Temps se se montre aislé d'un mouuement rapide aporte enporte abat somme bastit destruit & se pas mesurez du jour et de la nuict ont la uicisitude se se effects et ses effets pour guide.

Ce Monde aislé enforme de Serpent qui engloutit sa queuë et à tant de bras & de mains Arme de Marteaux de Truelles de Haches d'Arouzoirs de Flambeaux de feu et des presens quelle espanche dont elle agisse ce Globe Terestre auquel du tout il semble tourner à ces deux figures Representans Apollon et Diane tenant chacun un Compas le Temps est une Reuolution de jours de Mois de Saisons ses Bras ainsy enbesognez autour de ce Globe auec des Instrumens a Bastir et demolir Semer et Cuillir à faire croistre et conserner dénote les effects de ses Reuolutions quand à ces deux Figures Representant le Iour et la Nuit.

APARIS Chez Iacques Lagniet sur le quay de la Megisserie au fort Ieruesque.

I. Lagniet ex

La Debauche.

L'amour la bonne chere et les querelles, ont une certaine liaison qui les rendent comme il y a quelqu'es de autant
que par degrez, on va de l'un a l'autre et pour ces raisons ie diray que cest L'image des Vices, et le Temple
qui en est esloigné sur L'autel auquel y est une Pallas celle de la Vertu, ce Personnage qui tourne le dos
a cette trouppe paroist si m'en voir traverse l'horreur adressant ces pas en ce lieu.

F. Lagniet.

H.

TABLEAV
DES
VICES.

& aussi crachant
contre cest enfant les
uns contre les autres
representent la calomnie
laquelle agit contre
l'inocent, les autres
demons esloignes
sont les uices qui
tentent les hommes.

Ces Demons icy representés tenant des chaines auquels sont plusieurs personnes faisantes actions conforme a ces Monstres ces demons sont les images des Vices leurs queues sont des reliques del'incision Soyeux, Celuy tenant par le Corps la forme d'un porc ayant trois testes scauoir de Singe de Lion & de Pourceau qui est L'yurongnerie ce glouton qui rend gorge enchaine par la gorge et le melieu du corps il est encor enchaine par la main de la quelle il tient une Espee tiré par un demon qui est de forme de chon il est encor atach é à une chaine par les parties inferieure du ventre; tenu par un autre demon en figure de satir, celuy represente la felonnie, & l'autre la palliardise; & cet autre demon ayant figure de harpe representant une chaine ou est ataché une femme à l'endroit du coeur tendant les mains uers cette bourse est l'auarice; cette cy qui a la queue si longhe, tenant une pomme rongant un coeur est l'enuie; & cette autre soubs figure de femme ayant les cheueux herissé, & tenant un enfant par les cheueux crachant contre sa face; & en l'autre des chaisnes dont elle traine plusieurs personnes

J. Lagniet exc. BF

Lorgueil

✠ autres Monstres sortoit a la foule de cette Matrice comme des vermi... défus la cheminee estoit representé plusieurs demons trésbuchant du Ciel dansun abisme auquelien Ange donnoit la chasse representant la cheutte des Anges malings par lorgueil.

1. Cette Damme Representant Lorgue'l couchée en la posture dune femme en trauail deuant elle apour Matrone unefemme ayant des oreilles d'asnes qui represente, lignorence les yeux bandé laquelle reçoit les enfans qui sortent de ce ventre en monstres carils en auoit de diferente sortz qui aussiturestoit dagir a ce quoy leurnoisance les apelleroit ⁰le premier qui ronge un coeur est lenuie 3 leuxieme de pareil sexe fem- inin est la Calomnie qui tient un enfant par les cheueux quelle deschire abelle mains crachant contre la face de linoceut 4 la troisieme estoit une autre femme tenant un flambeau alumé etun sousflet qui est la discordes unhomme furieux crachant contre un nom de dieu; 6 un Serpent ayant plusieurs testes dont lune plus haute que lautre estoit ata qué par les autres representant la Rebeillion, Joutre ceux la plusieurs ✠

I.L. aquiet exc.   B₂.

Le Temps Present.

2 3 4 7

Chaque chose a son Temps Temps de
Paix, Temps de larmes) d'aymer, de
hayr, de Ceuillir, deplanter
Temps de cercłouyr, et Temps de lame-
nter, Mais le plus desiré est L'essuieur
de Larmes.

Vous voyez en divers cantons de
Temps de Guerre, de Procés, de Maladie, qui viennent de fond à tire
d'Aisle, et en ces autres les mesmes qui se retirent à cloche-pied, c'est à dire que les maux viennent en poste et s'en
retournent à pied, C'est pour qoi n'ous suyez dans l'ombre, les figures Rampantes qu'viennent en cachette
comme des lieux esloignez, les mesmes se trainant à la faveur de l'ombrage, Vous aprendres quel motif
des afflictions, viennent de plus loin que nous ne les apercevons Temps de Paix lequel essuye les larmes de ceux
qui atendent sa venuë, et foulant aux pieds la Guerre et les Procés plusieurs luy baisant les pieds disent que
les pieds sont beaux à qui annoncent la Paix.

I. Lagniet exc.

Les Cinq Sens.

Superbe

Ce dernier est le mal commun,
dont ie n'en excepte pas un
de tous les enfans de misere :

Le gourmand auec l'enuieux,
le paresseux et le colere,
l'auare et le Luxurieux.

Car la vanité de la gloire,
Emporte sur tous la victoire.

I. L. agniet excu.

Les quatres Porteurs qui portent tous les pecheurs dans L'Enfer

Voilla les Diables en la Crotte campagne

Auiourdhuy Orguilliur demain Malheureux

Chargé comme un Mulet

de l'esprit enfin d'en pescher
qu'il n'envoye l'estat toute pech[é]
teinct et lors qu'il le voy proch
de la mort il luy oste le bandeau
pour luy faire voir son malheur 6.
apres que la mort a rauilauie
au pecheur elle luy presente
un miroir ou son ame voit 4.
choses espouuantables la 1.
est l'enormité de ses
pechez la 2. laideur effroyable
ou ils sont reduicts, la 3.
les biens eternels quils luy ont
fait perdre la 4. les supplices
de l'enfer ou ils l'engage pour iamais

Le premier s'appelle L'habitude au peché repré-senté par le demon qui à la teste d'un
porc, cest animal apres s'estre laué retourne aussi tost dans le bourbier aussi celuy qui est habitué à quelque
peché quoy qu'il s'en soit purgé par le sacrement de penitence ne s'en pesche iamais d'y retourner s'il
ne s'e fait une tres grande violence pour y resister Le 2. s'appelle L'ocasion prochenne du peché
representé par le Demon qui a une teste de mulet auec un sac d'auoine pres de luy lors comme cest
animal voyant l'auoine deuant luy ne peut s'en pescher d'en manger, aussi le pech[eur] ne se peut s'en pescher
iamais de tomber dans le peché s'il n'en euite les ocasions, Le 3. s'appelle L'esperance d'une longue vie representé par un demon qui porte la teste d'un cerf cest animal vit long temps mais lors quil y pense le moins il est tué
par quelque chasseurs le pecheur se voyant ieune et en bonne santé s'imagine de viure long temps mais par
quelque accident il est surpris de la mort qui ne luy donne temps de penser a sa conscience. Le 4.
s'apelle presumption ou fausse esperance en la misericorde de dieu representé par le demon qui port
une autre renuersée de mesme le pecheur qui presume d'estre sauué sans faire penitence trouue son
esperance renuersée 5. durant la vie du pecheur le demon luy tient un bandeau deuant les yeux. *

Car'a colere et la Paresse
Sont les attraicts de la molesse

Ces autres assez bien grauez
Sont l'obiect des sens deprauez
que gouuerne la fantaisies:

I. Lagniet inc.

Ne t'y laisse pas emporter
de crainte que la frenesie
ta raison ne face auorter

30

Que sçaurois de contentement,
si ie changeois le panchemment
que tout le monde a dans le Vice?

I'espererois par ce moyen,
et par ce petit artifice
eschanger tout le mal en bien

Car L'auarisse et la Luxure
sont les deux causes de L'sure

J. Lagniet exc.

L'homme chargé des 7 Pechez Mortels

VERTV

Orphée fils dappolon par la douceur de sa voye et par le son de son Intru
ment esmouuoit les oyseaux et beste sauuage voire mesme les bois et les
pierres, appelsoit les vens arestoit le cours des Riuieres et faisoient milles
chosses Incoiables ce que les poittes ont feint pour dénoter que le peuple:
Rude et barbarre a estée par luy Ciuillement Intituée

Lagnet ex

LIGNORANCE

Ces Asnes qui foulle tous les cience au pied. Ces comme les hommes Ignorant
paresseux et lache par leur paresse et Ignorance foulle toute sorte de sciãce
Les Anes sont musard arcadique porte, faict frileux. tardif oreille brayant
paresseux lache Ricaneux et soufre peine marche tard te haste pas, il sont tellemẽt
ne a la peine que plus ont les laisse reposer moing il vallent sa Chaire a esté autre fois
en grande recõmendation le laict de lanesse est bon pour les calculeux et melancolique
                                                                        Lagnet cx.

Monsieur On
herbelleie

l'hospital   Le Bac

On est fort bien mis
d'avoir un baston pour appuy.
On n'a jamais veu le camps si grand
On n'a jamais veu tants de Jeans
On est bien estonne de voir le camp decampe
On parlle que le Roy fait tout tramble
On en est fort bien assurer.
On n'a jamais veu leur tant de Jeans
On n'a jamais veu un Roy si puisans

On Mon
tre Le
Camps
du fort
St Sesbas-
tien

On vend au fort leuesque la Carte des Equiron
de Paris ou On voit le Chemein pour aller au
Camps St Sesbastien, On passe par le Roulle
On passe par le pon de Neuly
On passe par le bacque de beson
On passe par le bacque de Maison
On va au Camps On y conte 5 lieues de Paris
On a faict La Carte de Lorraine et alsace ou
On voit les Aquisitions du Roy

Lagnet ex.

NOVS PASSONS LE TEMPS

Lagnet e.

1. En disant plaist il ma fille On nous voit Roge bon temps L'argent que nos Pere On Pilles
ie passe le temps Les Pistolle et les Louis d'or On nous le voit despanse
2. En beuuent ie passe le temps Nous font mettre dans l'age d'or L'es bien que Pere et Mere nous on laissé
3. En serbocans ie passe le temps la brauerie, l'Or et l'argent Nous font passer le temps comme vous voy
On nous voit passer le temps Nous fait paroitre honeste geans

LE MIROIR DES BONS ENFANS QVI ON PASSE LE TEMPS

Parmy les Puteins tabac et vin friant

Lagnet ecc

On nous auoit bien dict	On nous a veu faire bonne Chere	On nous portoit grand honneur
que On nous veroit incy Reduict	On nous voit en grand Miserre	On nous porte grand deshonneur
On nous a bien veu des Pistolles	On nous a veu de beaux bijoux	On nous a veu bien habillet
On ne nous voit pas a cette heur vne bol	On nous voit plus que des pou	On nous voit bien dechirex
On nous a bien veu faire la debau e	On nous a veu mangee de bon morceaux	
On nous voit sans pourpoin et sans chause	On nous voit plus que les ost	

A Paris chez l'Agnier sur le quay de la megisserie au fort l'Euesque auec Priuilege du Roy

Vn Courtisan enuieux de la faueur que portoit a vn Sien compagnon le Roy, faisoit sa demeure a montargis lespia tant quil le trouua dans la forest accompagne de son chien ou laiant tue l'entera, le chien qui ne voulut abandoner la fosse de son maistre, fut contraint par la fin se retirer en cour ver les amis de son feu Maistre, des quels ayant receu a manger s'en retourna sur la fosse et continuant cete façon tous les iours quelqu'vn le suiuerent et voiane la terre releuee a l'endroit mesme ou il s'arestoit ily fouiller et trouuer le corps le quel le firre metre en sepulture ce la foit l'homicide retourna en cour ou le Chien laiant aperceu luy sauta au collet et on eust grand peine a l'empescher quil ne le strenglast, mais continuant ses assaut toutes les fois quil rencon: troit son homme, on commença a soupçonner quelque chose du faict, tant qu'estant paruenu aux aureilles du Roy qui fist venir le Chien deuant luy et commanda q̃ le gentilhomme se cachast au meilleu des assistans vois le Chien ne fut si tost entré quil alla choisir son homme auec sa furie accoustume ce cas si estrange auec quelq̃ petite indice, fist que le Roy ordonna que pour le purger il combatroit le Chien auec vn baston et le Chien auroit vn tonneau pour sa retraicte, en sa presence le gentilhomme fust vaincu par le chien et est contraint confesser la verite de l'homicide et pour perpetuel memoux l'histoire fut Peincte par le commandement du Roy en la grande sal de Montargis comme on la peu voir encor aujourduy

HISTOIRE DE LA
RAVE PRESENTE
A LOVIS XI   Louis XI

Lagniet ex

Le Roy estant dauphin se trouua chez vn forestier nômé Conon auec le quel disnant mangea des Raues, et du
depuis estant Roy, Conon vint en Cour aportant les plus belles raues de son jardin qui faute de viure les mã-
gea en Chemin hors la plus grosse quil presenta au Roy a son arriue layant receu la fit serer et donna mil
escu au dict Conon, vn temps apres vn Courtisant presenta au Roy vn beau Cheual esperant recompense
le Roy aduisant a le recompenser luy donna la dicte Raue le gentilhomme croiant auoir grand tresor
dessu le pacquet ne trouua que la Raue de quoy se plaint au Roy disant nul auoit pris lun pour lautre le roy luy respondit
est que bien vas bien achepté le Cheual le present que ie vous donne couste mil escus

LA FACON QVE LE FRANCOIS ESTOIT HABILLIE IL YA ENVIRONS 1500 A
SOVBS LE REGNE DE FRANCOIS PREMIER HENRI DEVXIEME ET FRANCOIS 2

Henry 2e

Francois 2e

Francois Premier

Liagniet ex

La mode des tosque soubs francois deuxieme oprecedant les francois ne portoit que des bonnet

Charle
IX

henry
3

henry IIII

Lagniet ex

LA MANIERE QVE LES FRANCOIS ESTOIS HABILLE
IL YA ENVIRON 100 SOVBS LE REGNE DE CHARLES IX HENRI
III ET HENRI IIII *La Mode des Chapeaux Chaperon et fraise soubs le regne*
des dictRoys Charles 9 henry 3 et henry 4

LA FACON QVE LES FRANCOIS ESTOIS HABILLÉ SOVBSLE
COMMENCEMENT DV REGNE DE LOVIS XIII *il y a enuirons 50 ans*

Louis 13

Laqniet ex

LA MANIERE QVE LES FRANCOIS ESTOIT HABILLE SOVBS
LE REGNE DE LOVIS XIII IL Y A ENVIRON XXXX ANS
1 la Mode des bonet a langlois 2 la mode des porteur de Chaize 3 La mode des baudrier et
la Mode de porter boste et esperons

LA MANIERE QVE LES FRANCOIS ESTOIS HABILLÉ IL Y A ENVIRON
XXX ANS SOVBS LOVIS XIIII. 1 Les Chapeaux a pain de Sucre 2 Le Commencement
des haudechause en garderobe et le commencement des galans

Lagniet ex auec Priuilege.

LA FACON QVE LES FRANCOIS SONS HABILLE POVR PRESENT
SOVBS LOVIS XIIII 1. S'a mode des cappe 2. les Chapeaux a petit bord 3. la Cane a
la main les eille de moulin et blouque aux Souhez 4 S'a mode des Culotte

Lagniet ex auec Priuilege

LA MANIERE QVE LES FRANCOIS SON HABILLE SOVBS LE
REGNE DE LOVIS XIIII en 1671 1 les Mains dans les poche et les gants sous le
bras. 2 la mode des Chaise roulante 3. la mode des ringraue

Lagniet ex Auec Priuilege

LA FACON QVE LES FRANCOIS SON HABILLE POVR LE PRESENT
SOVBS LOVIS XIIII. 1. Le balaiement des rüe 2. le portement des lous 3. la mode
des bonet a la Turque 4. les Chapeaux a grand bord

Laqniet ex Auec Priuilege

ils sont deux chiens appres vn os
faire dan odair ceux chiens

LE SECOND LIVRE OV EST DESPAINT LES

Prouerbes Ioyeux

femme quua de place enplace
parle de tous et tous delle

Au iourdhuy putam demain
coruntorre mercei dieu vous aue
menti

La porteuse   d'eau   La renendeuse   La haranger
ontuette

Le sauetier   spunis

il est come vn cec
dans vn panig

Les parolles
sont femelle
et les effets
sont
omasle

tefs vn vray tate poule et   loecriue qui
meufe les poulle
piffe

qui trop caquette et s'abille
trouue plus de trou que de
Cheuille

trois toigneuse et vn pele
font ensemble vn marche

il ont plus de caq
-uet que l'effet

la gris on ouille
boede et sparle
cest la naturelle
danguine samei

LE GRAND BVREAV DE LA GAZETE

lelimacons pour se dehuser dennuis, change ses
yeux a deux cornes il y a bien de ces limacons la

il scauent tout et sine scauent
pas Le che de peripront

I   lapouaile dict au chaudron
reaile toy de la Cunoirr

la pele cemoque
du fourgon

Qui se fact brebis le loup le
mange

Pendant que le loup chie La brebis, senfuit   I. Lagnieau fouir Leussin

A Paris par

armoiries de bourges vn asne
dans vne chaise

dun homme joueur et
de proces se faut garde
il est en chanse sa femme
est assise a qu nu
il tire tout a soy il
entend bien le numero
tout luy vien a
souhait argem
descouuer

bon jeu bon argent
la parole faict le
jeu

mettre sur
le tapis

Voila vne belle beste ce nest
qun Asne

il perd la plus belle
rose de son chapeau
Marty

Nous voila
quattre

2   faute dun poinct Martin perdit son asne

barbe rousse et noir st cheueux
dome tein gar de sit veux

cest vn bon medecin jl guerit de tous maux

femme Sans teste tout en est bon.

couper le passage des viures
couper net comme vn nauet
elle dict Son jn manus

voilla la
main qui
a faict
le coup

Il n y a pas a dire
bayer aux corneille

grose teste peu de sens

morte la beste morte le venin jl ne se fait jamais estoner quon ne voye sa teste a ses pied

jl est braue come vn houreaux qui faict ses pasques

petit buiſon neporte
pas grand ombre
il ſe touche de pres
il met la
main ſur la
conſcience

doux comme
vn agneaux
conter fleurettes

filer doux
l'eau luy vien a la bouch
on ne ſçauroict filer ſi onnemouille

elle faict bien les
dou yeux

Nicolas   va voir   Ienne

ou la cheure eſt liee il faut quelle broute   Mauuaiſe herbe croict touiour

4
fille qui eſcoute & ville qui parlemente ceſt ſigne quel ſe veulle
rendre

homme sans barbe et femme qui a barbe homme sage san doict donner
de garde   la femelle vault mieu que le malles
cela neluy est pas de seruice
il nest pas de poi   dict luy quelle est belle elle deuiendra celle en a vn cartiere
il est leger de deux gran   folles dan la teste

La fin   du monde   montre aux doict et aloeul

Iustobole astrologue de malheur

ride comme
vme vielle
escarcelle
il napas ton
mange son
veaux en
voila la
fraize

5   Sans les contre pois lhorloge ne vaut rien

toute la chair est foin
et sa gloire come la
fleur au cham

Les femme sont inconstante comme la lune

Ces deux gens de mestier ne plaidront plus guerre. On les met
Ils ne laissent pourtant deste... contre-pointez,, L'vn

dos a dos sur vn asne mote...
loue le deuant, l'autre soufle
ou derriere.
Il a gagne son
procez, il leue
sa sentence.

Tout beau bar-
bier la main
vous trembl

Resignol d'Arcad...

Nous sommes
quatre.
Glorieux
Barbiers
dos a
dos.

Il y a plus
de gens beste
que d'asnes
chrestiens

Parlez a cet asne
il vous fera
des pets.

Deux Orgueilleux ne
peuuent estre montez
sur vn asne.

Il ne... sur plus...
danser

6

A lauer la teste d'vn asne lon n'y pert que sa lessiue

Tirant les vers du nez
il gagne le pais bas,
Ainsy s'en vat le chat
doucement au fromage,
Mais a bon chat bon rat,
elle ne laisse pas,
D'empescher quil n'ayt
sur elle cette auantage

Il luy tire
les vers
du nez

a bon
chat

bon
Rat.

De bon fromage, mange peu,
à bon faste,
Marier vous c'est chose honneste
n'en serés pas marry, mais
ne soyez pas si beste que
d'espouser vostre mary

Il gagne le pais bas

7 Elle laisse aller le Chat au fromage.

Qui peut bien faire et par trop tarde
Sert aprez disner la moutarde,
Qui peut donner et donne tost,
Donne du moins autant quil faut

C'est le ventre de ma mere ie
ny retourne plus

tois plus
to youie et
moins il
entrent

Les enfans en
vont a la moutarde
Ma fille ne mange point et
chie tousjours

Cela prend au Nez,   Comme fine moutarde   I. Lagniet ex.

8 Il vient comme moutarde apres disné.

Ce n'est pas tout que des chous
il y faut de la graisse.

Compagnon a compagnon,
il n'y a que la main.

Il est beau de loing, mais
ses pieces ne sont pas
de mise.

qui se sent morueux
se mouche

Il ne se mouche
pas du pied.

quand les chous sont
bons les Massons
ne sont rien.

Aubervilliers

Paris

Petit Mercier
petit
panier

I. Lagnet ex.

9 Chou pour chou Auberuilliers vaut bien Paris.

Il reſemble à dorie qui ſe couure d'un ſac mouillé de peur de la pluye

Maistres dhostels porteurs Cuisiniers Cuisinieres
Pourvoyeurs, Despensiers, Sommeliers, Chambrieres
Cochers Pallefreniers ces manieres de gens
Sont a ferrer la Mulle asses inteligens

Despensier et Fille de chambre ont bien volontier grande langue

La mulle et la femme   obeissent plus
par caresses que par   force
                              Le Pourvoyeur

Fantasque comme une mulle

La vielle
mulle
frain
d'or.

L a servante

Lance au Panier

II A ferrer la mulle ces gens font d'ordinaire inteligens

POVR VN
PLAISIR MIL
DOVLEVR
IL SVE LA
VEROLLE

Chaut comme
braise.

FOLIE   Il vaut mieux auoir plus de bource
            que de bouche.

Pour vn petit plaisir ie Souffre mille maux | Partout le Corps ie sue et ma machoir tremble
Ie fais contre vn Hyuer deux Esté ressemble | Iene croy iamais voir la fin de mes trauaux

à l'aneau Meunier

FOLIE

Il passera par la ou
par la fenestre.

Fol est qui en danger se met sans contrainte et necessité
12

Iemene asnes mulas dessus terre et Sur Iean | Amy puius Conseillers allam parmy les rues
Ieme fault faire place lors moneurs h charenge   Mias iesuis pis que ton quant on crie à l'aneau

Par vne cautelle ou ruze
l'on l'autre ſe rompt
Fin contre fin n'eſt pas bon
a faire doubleure
Endurer faut pour durer
qui endure n'eſt pas vaincu

Ce vilain prend celuy qui l'oint,
D'huille de benioin et d'eau dange
Et ce Iehan l'oigne en contreſchange
Oint d'huille celuy qui le point

Iean l'oygne ſe ua dier du
Roy

Vilain comme lard iaune

Oignez vilain, il uous poindra, poignez Vilain, il uous oindra.

Il est fils de boulanger il aime la haissure

Belle hostesse est... belle le vin est bon

Belle hostesse
est un mal
pour la bource

Vin trouble ne
casse pas les dim...

Les vicieux
et les fems
mes sont
toûjours
en danger...

Les armes d'Acteon

Vin du grand
fontaine
Pendant quil est en
et que sa laitue
et quil mesle de leau
pour son vin clair
Le boulenger en haut
et sa femme la laitue
prennent dautre
plaisirs que ceux qu'ils...

4 Il est bien sage il met de leau dans son vin

A Paris Par Iacques Lagniet surle quay de la megisserie au fo...

A Paris, Chez I. Lagnet au Fou Leue que 1647.

Ie suis ce Medecin qui voit dans les vrines;
Les effetz merueilleux contre nature faits;
Et purgeant les esprits de leurs humeures malines,
Ie sait de mes secrets sortir de bons effets.

Aux vns par L'alembic ie purge la ceruelle,
Aux autres l'intestin par vn gros robinet;
Ainsi de ces vapeures par ma mode nouuelle
Ie rends de tous ces fous l'esprit, et le corps net.

pris par le bec
tu porteras
mes mar-
ques.

en quinze jours
14 lieuës.

16 **LE FRANÇOIS**

Cette Roupie est bien mignarde
Mais ie suis des plus raffinez
Et pour l'oster de vostre nez
Ie vous donne cette nazarde.

L'ESPAGNOL

Que ma gloire est bien abaissée
Qu'on me nazarde rudement
En m'enleuant en vn moment
Les biens que j'aubis vsurpee

L'Esperonnier
L'apagnol resprent
le Morueux.

Il n'est pas beste, il ne
se mouche pas du pieds
Il n'est pas seur de
son baston.

17   LE FRANÇOIS

Señor d'ou te vient ce caprice
Tout ne respond pas a tes voeux
Mais pour moucher ton nex morueux
Ce mouchoir est a ton service.

L'ESPAGNOL

J'apportois des mors et des brides
Pour dompter du François l'effort
Mais ie vois bien qu'il est trop fort
Et que nous sommes trop timides.

Le Tainturier Espagnol
respresentant le Teigneux

pour vostre
plaisir s'endure
mais la peine
me dure.

le bast les blesse

LE FRANÇOIS

Enfin il faut Monsieur le drille
Comme a quelque cheual hargneux
Pour guerir vostre chef teigneux
Que ie le racle auec l'estrille.

L'ESPAGNOL

Ha ma teste sera callée
Mais a quoy bon de la frotter
Qu'y trouuez vous a regratter
N'est elle pas asses pelée.

Il ne tient rien
sauter aux nues

Cequ on ne peut tenir le faut   laisseraler

on ne peut voler sans ayles

Icluy qui veult prendre les grues en voilant

Il nest pirre sour que celuy qui ne vault pas entendre

qui mange le
coq conte les
heures

Ce qui ne me plait pas
ie fait le sourd.
A bon entendeur
demy mot.

Il fait bien
de l'asue pour auoir
des chardons

Ceulx qui faulteut dict be a l'âm.

Lagnet exc

22. LE FRANÇOIS

Espagnol qui faites le braue
En racontant vos beaux explois
Vous faites bien voir aux francois
Que vous n'auez que de la baue.

L'ESPAGNOL

Je m'amuze d'vne bicoque
En Tricotant vn meschant bas
J'abandonne mon pays bas
A mon Ennemy qui s'en morque.

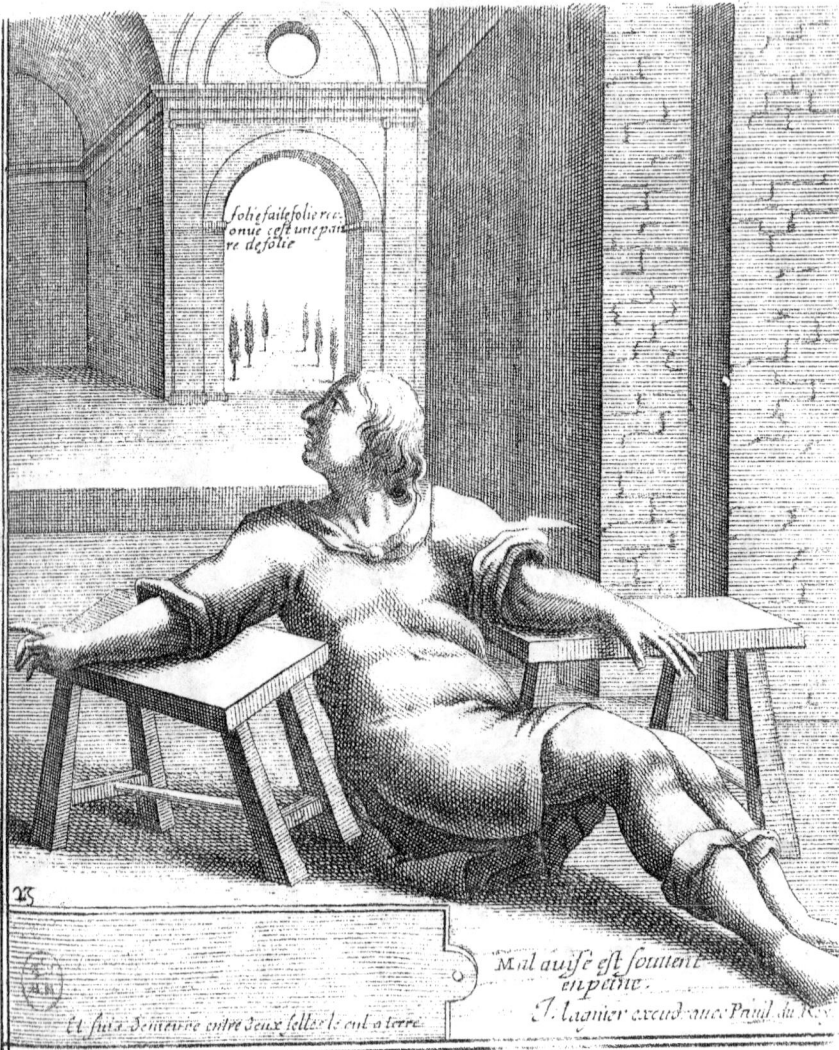

folie fait folie re
onue cest une par
re de folie

23

Mal auisé est souuent
en peine.

J. Aagnier exeud auec Priuil. du Roy

Et suis demeuré entre deux selles le cul a terre

La santé et le goblet sont deux belle fleur

Il n'est feste que de gras chap... ons
comme disent tous bons frip... ons

mardi gras

Qui brevene
Lache pas

Il est plus aysé d'entrer en caresme que d'en sortir

a caresme prenant comme a car
esme prenant mais ny en a plus

Caresme
prenant

Le chasseur ny le pescheur ne font iamais bonne
maison . Le pescheur a la ligne despencoplus quil
ne gaigne.

Courage bons francois ce prouerbe commun
A la fin nous rendra nos conquestes communes
Celuy pesche tousiours qui pesche et nenprend qun
Ainsy de leur debris nous ferons nos fortunes

Il est fils de pecheur il tien de leigne

Il fait bon pescher en eau trouble

126. I. Lagniet excudit

tousiour pesche qui en prend un

Chats et chatons
chassent rats et ratons

Beaucoup scait le rat,
Mais bien plus le chat.

Tous Chats sont gris
de nuict

C'est Espagnol ainsy deuoré par des rats
Nous semble en le voyant un figure estrange
Mais se qui plus le ronge et se qui plus le mange
C'est le ressouuenir de la perte d'Aras.

LA MORT AUX RATS
ET AUX SOURIS

28 Fille qui prend se vend: femme qui donne s'abandonne.

Meschant par de hors et pire par dedans. Vn sac de Charbonnier
le corps et lame. non vallent rien.

Chemise noire au Charbonier
Il n'est pas si diable
qu'il est noir.

a l'asne meusnier

Prend duy sac
aye moulin.

Ces deux mestiers ny ne sont pas bien d'acord
L'un ayme le charbon et l'autre la farine
Ils ne finissent point cet ennuyeux discord
s'ils ny sont condannez par pinte
ou par chopine.

Il y a bien du Char-
bon de rabais

qui veut bien tost apprendre
mestier pour desrober il faut
qu'il apprenne d'estre
meusnier.

29   H. david sculp.

Iamais meusnier & charbonnier ne s'accorderent en leur mestier.

mon mestier n'est point brusler sa maison
après luy dit tout bois vault büche
puis qu'il luy dit turne maison
de peu bois n'ault mieux que feu de rusche

d'uy ne sait pas peu qui brusle
sa maison il espouvente les souris
il pisure a ses voisins et se chauffe

On ne sçauroit faire desous bas que la fumée ne sorte

mets feu que des gros bois

tout bois vault büche

Il est d'Ancienne race sa maison tombe de pouriture

Il a trouué la cache

Un mary deffiant et Ialoux de sa femme
cherche deux moyens afin de l'esprouuer
que faict il, il faict l'artiste de son blasme
 et inuenteur de tout ce qu'il ne ueult trouuer

...me ton mary comme et...
...te deal comme ennemy
Il est fasché dauoir trouué
ce qu'il cherchoit
Sçauoir si Iean est
ferin, Ie nen sçay
mais ie sçay bien
que de sa vie il n'a   baisé femme de bien

51   Il cherche ſe quil uoudroitne pas trouuer

A Paris par Iacques L'agniet ſur le quay de la meſiſſerie au for leueſque

La poulle qui chãte
deuant le Coc

La premiere femme
est vn balet, et la
seconde est y
dame

Femme qui gaigne
et poulle qui pond
ce n'est qu'le bruit
a la maison

Il est trop bon

Cãquet
bon
bec la
poulle
a ma
tante

Ce sera Jehan il ne
paʃʃet la besongne
il fera la bouïlle
a l'enfant

Lagniet ex.

Lamoureux
transy

Il a
deux tache
il nestni beau ni bon

Arrestez Belle arrestez.
Que i'admire vos beautez
35

Voyla pas vn beau pendart
Qu'Amour blesse de son dard?
Ce n'est pas pour toy que te fourchausse

Icy lon peut rire et chanter,
Mais non pas quant il faut conter.
Qui respont paye, On
n'est pas quite
en payant

Les fem	mes na	yment
point les	violons	qui la
chepte bon	bon le	boit.
un bon	mariage	paira
tout	Qui est	bien si
tien	ne. Il	ne peut
plus	boire	
qu'un	verre	
a la	fois	

Boire et manger czulramy,
Au debourcer suspirauos.

Qui bien gaigne et bien
despendz il n'a que faire
de bourse a mettre son
argent.

54

I. Lagniet.

Celuy qui fuit quant on l'appelle, Resemble au chien de Iean de niuelle.

A l'homme hardy
fortune luy tens
la main.

Qùi court n'est
pas tenu.

gaigner le
hault.

35

S'il n'eust esté aspre aux pots
Il fut party bien à propos

C'est un deshonneste homme du monde
Il per le bien et appre aux pots

Il a trouué le pain
il s'est chargé de
vin .

Plein
jusques
au collet

36

À PARIS
Par Jacques Laguiet
au fort l'Euesque

Il n'y a si petit saint qui
ne veuille auoir sa chandelle

Si Ieuneſſe
ſçauoit
et vieilleſ
ſe pouuoit
iamais pau
ureté on
n'auroit.

Le jeu ne uault pas la chandelle
C'eſt enfant ce laquais c'eſt uieille chandelle
Ce jouent mais le jeu ne uault pas chandelle

Le Ieune pour ne ſçauoir,
et le vieil pour ne pouuoir, laiſſe les choſes .

A Paris par Iacques Lagniet ſur le quay de la megiſſerie au faré l'euesque .

Il y a d'aussi finnes gens au marché,
que ceux qui en reuiennent.

il na pas plutost fct la besogne quil a l'argent à la main

Un peu subiect aux coupeux pauures inhumain
je nay pas si tost faict que jai l'argent à la main

On n'a jamais bon marché
de mauuaises marchandises

Nulle ne pert, que l'autre ne
gaigne

Telles sont   les
marchez   qu'on les
faits   .

Mieux vaut subtilité
que   force

Qui vne fois
desrobe iamais
n'est fidelle

Un bon eu:
urier iamais
n'est riche

59

mieux vaut
borgne qua
ueu
gle .

Le Bossu ne voit
il voit bien le mal de son

pas sa bosse, mais
compagnon .

Il ne va que d'vne fesse
On atrappe plustost le menteur que
le boiteux .

Borgnes bossus et boyteux
Ne te fye si tu ne veux
Si tu veux que chascun ton renom
aux borgnes bossus et boiteux

glorifie
ne te fie

Boiteux de
nature nont

d'espines, il ny
a meschanceté
ny malice quil
ne machine .

40

ARRAS Pris Par Les Francois Le 10 Aoust
1640

Quand les francois prendront
ARRAS les Souris mangeront
les Chats: les francois on pris ARRAS
et les Souris, non poinct mange
les Chats

Chaque chose a son tour. Malin tu le Verras
Au prochain que Pauron la fait Imprimer rob...
En Vain-t gravement ta gaigne la campagne cat piu que les francois, mis pris Perm-Krau
L'on corps sera mange devant que cette ...it Espagne.
J. luChet ex

LES 4 AGES EN PROVERBE DANS LAMOVR

agée de 25
Le premier Amour
ce n'est que fou et vouloir

2 agée de 40
Le deuxieme Amour
cen'est que force et pouuoir

3
Le troixiesme Amour
cen'est que pecune et auarise
agée de 60

4
Le quatriesme Amour
cen'est que douleur aus pein
hon Homme
agée de 80

I. Lagniet ex

1
Amoureux d'hyuer il
ayme pour le fourrage
42

2
Amour de Seigneur
nest pas heritage

3
Amour faict mout
argent fauct tout

4
Amoureux comme vn
chardon
Elle est du bon tempt

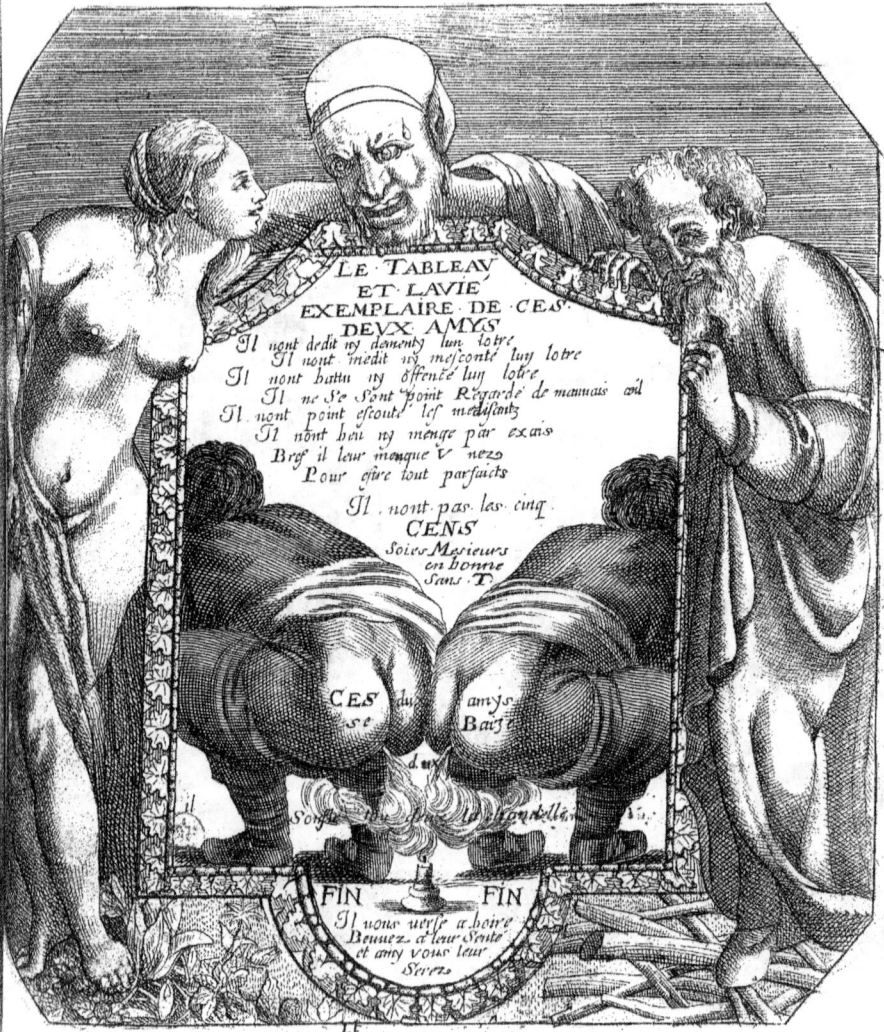

L'ESTRANGE RINCONTRE

Fidelle comme un Meunier

Il me fait plus de pitié que de peur,
Avec luy son Espée asseura malheur
Il court les rues comme un Taleur.

La Raison est au moulin
Au moulin de mesme ordre
on employ son sac par le cul

Vn huguenot cornu Ministre sans nul sens
Trouue vn Meusnier sur son asne ordinaire
Auquel il dict ayant l'espée au poing
Demeure la tu cheuauche ton frere.

Lors le Meusnier prenant comme rusé
L'oreille a l'asne, et redoublant carriere
Luy dict Monsieur vous estes abusé
Voicy cabin et Basse icy derriere.

44

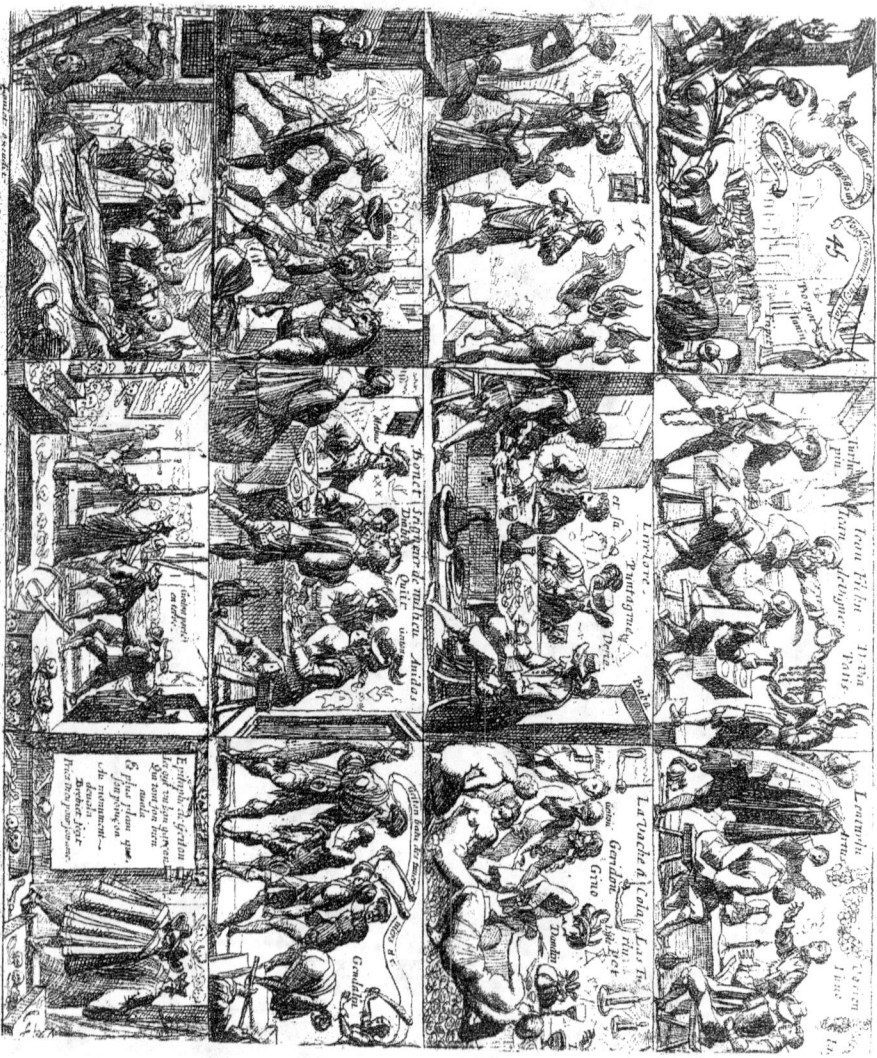

PARTIE FÉMININE DU MONDE DE LA LUNE

LA CARTE DES ESTATS DU GRAND DUC D'OSMEON

PARTIE FÉMININE DU MONDE DE L'Challemal Laclrabon

LA LUNE

MER

BAC

CHI buueur

QUE

ISLE DE Canarie

VICIME

CHERI

DE

BORITE

DE QUISAT

FREDOVILLE

GOQVE

MAR

DE MA

RE

DUCHÉ DE

OSMEON

PRINCIPAUTÉ

MON

PLAI

OCEAN HYPOCRATIQUE

MER SAIN

Cap de l'Enluminé
Seigneurie des bons Anjoint
son A.

Divisée en six provinces
Auec priuilege pour mil ans

RIBEINE

Gorge seiches

La Plaine La cde la Roue

Villenone de Rome

Chambellan

Les Montagnes

Beaubrac

Bonhomville

La fosse Colle Maco

Quatre-quarts

Cherbonne

Cuegrande

Grenoble

Romigage

Les habit et la bonne mine
les passetemps et la Cuisine
Sont les entretiens du mondain
pandant que L'Ame toute nue
est dans les Vices retennue
Sans qu'aucun luy preste la main

I

50

C'est vn bel hôme au prix de notre asne
la belle plume fait la belle oyseau
cet asne ne porte que vn bast.
et moy remporte plusi eurs

Considerez Cette figure
ou vous voyez un epiture
traiter son Asne mollement
pandant que son Ame affamee
nest repeue que de fumée
et ronge un os patienment

51

l'on voit des asnes qui ont plus.t bas,
et d'aultres que souuent n'en nont pas
il est a la table de son Mre
il y a bien de l'asnerie a son faict.

Communement aprez la panse
plaisent les balets et la danse
tout le monde y prend son plaisir
pandant que l'âme est en maldise
par la conscience mauuaise
qui luy donne vn deplaisir

52 3

Il a raison son asne pette
il danse, et vesse
Apres la panse vient la danse
il danse coe vn asne

Lagniet excudit.

la plaisante melodie   Et ce qui tourne a nostre blasme
Quand le corps tombe maladie C'est qu'aux maladie de l'ame
On cherche gens de grand sçauoir Personne n'a soing d'y pouruoir

4

la bourique est pacifique, paresseuse coe vn asne, Medecin d'eau douce.

L'ASNERIE 54

I

Voiez comme vn paysant
Va sur son asne deüisent
auec son filz qui marche a peine
Sil auoit vn peu damitié
pour son filz et lasne quil meine
Il en auroit plus depitié

C'est le plus
les asnes ne
ce n'est pas
Voir des asnes

grand asne que la terre aye porté
vont pas si fort que les cheuaux
grand merueille que de
acourté Oreilles

Q' Laplaisente mommerie
Je croy que cestepar raillerie
quil tient L'asnepar le Licol

Cet asne en braye et fuit grand erre
cependant que ce pauure fol
Et son Enfant sont piete aterre

Amy Sois Tesmoins Oculaire
d'une Chose toute Contraire
le filz est sur l'asne monté,
L'epere le faict par tendresse
et par un espece de bonté
Cede son dise a la Ieunnesse

Tu ne sera jamais qu'un asne,
tout asne que l'on voit marche,
l'on ne sçait ce quil a aux pieds

3

56

nous voila six
a bon dos.

Cet autre icy m'estonne fort. | Un et lautre seroit gausse,
Et me semble que c'est à tort | Si par un faulx pas cette beste
quilz sont deux entre que ette teste | les y ettoit dedans un fosse.

Ie parle quand il me faut taire
L'on entend bien vn asne braire
Si tous les asnes portoient des croupieres
J'aurois bien le trou du cul escorche

57

4

A paris
par Iacque
Lagniet
au fort
l'esque

A veoir cet Asne triomphant
porte du pere et de l'enfant
N'este pas chose bien. plaisante
O trop Simple Rusticite
Cette beste par trop pesente
Surcharge Vostre humilité

Il est meschant coe vn asne rouge
Parle a cet asne il vous fera des pets
Il semble aux asnes il manquera
par les pieds

6 59

Mon filz tu vivras par tes Contrat
que ce sont Choses neceßaires
d'ouir V'eoir et ne dire mot
ainsy vivent le fol le Sage
leliberton et le dauot aton
Seruiront d'exemple a ton aage

Pour ce
Coq
entend
escoute
a ne dict
mot tu
nepasse
ra pas

enfant d'obeiss.ce il est bien instruit il prend un   bon chemin
sil continu il napas este alescolle a Asnier il obeit bien   apere et amere

La paesle se moque du fourgon.

Il sent le vieux leuain.

Il n'y fait chaud comme dans un four.
Elle cuit bien. Elle patira.

Il est bon dans un four quand il fait froid.

quand on papa il n'a plus de faim.

Il nous prend Trempeur trempeur de la fourée.

On enfourne à mal enfourne on fait les pains cornus.

quand on te four.

Plus cuit hoit.

Pour cuindre cuire à nostre four Prennez garde à four qui chauffe Il n'a toujours à fourgonner. 60

Il tient bonne fille allemie hoit les mains à la paste.

Ce n'est pas pour vous que le four chauffe.

I. Lagniet ex.

Domine Nez
Ie faisle 13.me Nez

Ils sont nez a nez

1. Les Bouts du nez Gresles : sont promts
et Coleres.
2. Les nez Plains et retroussez, comme
Lyons et Dogues. sont forts et presumtue
3. Les nez longs et Graisles et aigüs
aussy Presumptueux et Coleres.
4. Les nez et plats on les tient pour mechants.
5. Les nez panchans, sont deshonestes.
6. Les nez droits de bauerie et de babil.
7. Les nez gros de Voluptez.
8. Les nez courts d'impudence d'rapine
9. Les nez ronds et estoupez : de
betize et de fureur.
10. Les de confuzion et de trouble d'esprit
11. Les nez aquilains d'yne nature excellēte
12. Les nez ouuerts de force et de courage.
13. nez de trahison, jai une piece au nez
Jehan parle. Il met son nez partout.

DF

Ils regardent a qui aura le plus beau nez, c'est pour ton nez
A paris par Iacque Lagniet sur le gay de la megisserie au fort leuesque.

turtututu Chapeau pointu.

62

Il est laid comme un magot

Moustapha

Il luy souffle aux oreilles.

Il fait des singeries.

Il grimpe comme un chat

habillé de usage un homme de thou

Il luy souffle au cul l'haleine luy faut.

A fois sur son cul comme un singe

Il resemble a un homme comme un moulin a vent.

H. aquier:

Au marché, largent est lesche.
De quel poisson lon veult lon pesche
Il est gentilhomme de droitte ligne,
Son pere estoit pescheur.
Les gros poissons mangent les petits
Doublement peché et apeché,
qui se vante de son pesche

63

Aussi tost pris
aussi tost punis

tousiours pesche
qui en prend vn

est le feu et leau

qui tient la poile parin
et les autre du costé quil tuait

Il est tombé de la poisle
au feu

Il pesche au plat

Vne ligne d'argent, vault mieux a pescher q'vn eschiquier
Les petits ruisseaux font les grandes riuieres.

Pauure nobleße ne vit que de chaße et de pesche   au fond les plus gros y sont
Surtout poisson la Raye put.   est vn Canar.

Elle fait bien la serieuse.

c'est vne fine mouche.   (braiette

le visage de la fème est le miroir de la

si de biens si d'honeur dit la fème si elle

la fème est la malette de l'hoè {na mieux

la fème est le sauon de l'homme .

beauté de fème est vn reueille matin .

foy de fème est vne plume dessus l'eau .

qui laisse sa femme le mois de may la peut bien

       laisser le long de l'année .

l'homme n'a ni sens ni raison qui ieune femme

      laisse aux tisons .

si la fée a son plaisir de l'hoè il s'asome

        mé

64

Vrayment ie ne l'eusse pas cru
que vous eussiez si bonne mine
c'est depuis peu que LVSTVCRV
ma faict passer par l'Estamine

Dame Oliue qui a des capes au qu:
cest vn signe grand quant vne feme
perd son sens car elle ne seauroit plus mal faire
uoila la meilleur beste dapres le loup.
o la meschante feme vous ne la conoisces pas
sil ni eut eu ni vin ni feme iamais on eut cobatu
les passions des femes ne guerissent pas, car cest
        du Naturelle de la beste.
les femmes naiment que le ruby
quand ialousie entre en la teste   d'vne   feme.
elle a vn moulin entre les jam   bes.
elle est pucelle coe ma chause.
tu ne uaut rien mon chape: ron.

66

Ie suis reduitte a la potence
pour mestre trop assise a cru
et cherche auec Impatience
   la demeure de LVSTVCRV

Les Cornes ne uiennent qu'aux ieunes bestes.
qui obeit bien a sa femme obeit bien a son curé
l'homme ne doit rien a sa femme s'il n'est au logis
quand vne fême blasme son maris elle demande la
        danse de son uoisin.
il est bien chargé de uoirie.
il les porte derriere et moy deuãt
quand vn hoe a sa fême battu il est   en grand
    danger destre qoqu
qui ne continú les coups des   nopces la
fême deuient jalouse
la fême estime son uoisin   estre de violette
quand vne fême est   putein le mari est
    en grand peril
il est plus fort que   moy il en porte
deux paires et moy   une

Va que le Diable t'emporte
Iay trop de peine et suis a cu
et si tu veux que ie te porte
pour estre belle et moy cocu

qui a le coeur de putein il a le foye de paillardise.
c'est grand miracle quant vne fême meurt sans se folie.
quand vn hôme va voir les puteins il merite d'estre genin.
elle n'en a pas iette sa part aux chiens elle en a encor de vilains reste.
elle n'a qu'vn vice qui la couure depuis la teste jusques aux pieds.
c'est qu'elle ne vaut rien du tout.

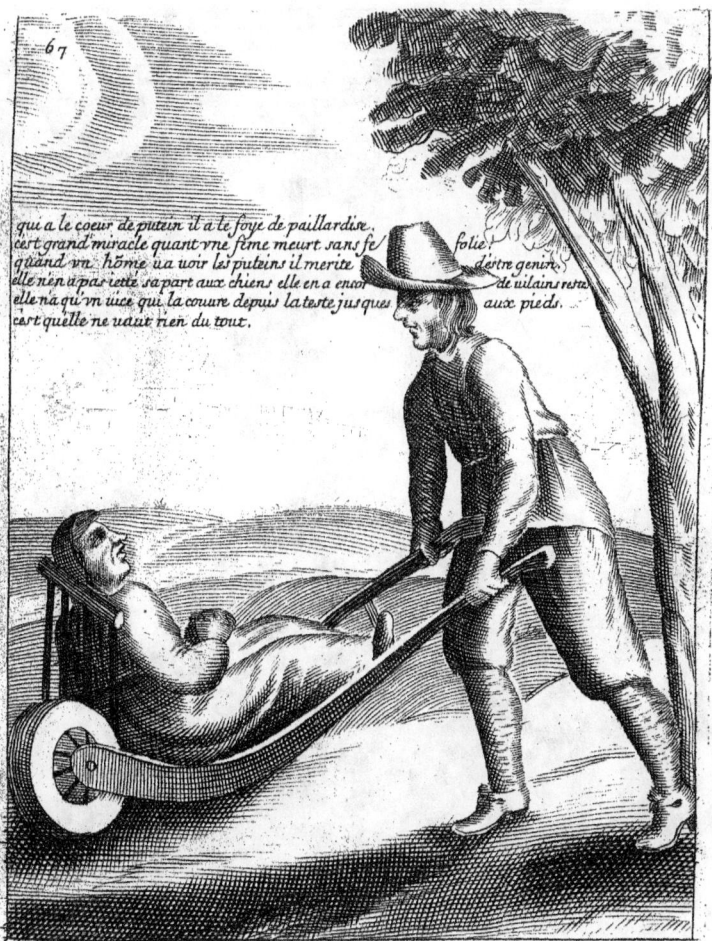

Ce n'est ny baril de Vinaigre
encor moins Verjus de mon cru
Mais helas vne Eschine maigre
que ie brouette a LVSTVCRV.

Vous pauures, malheureux que lesprit Lunati...
Des femmes d'apresant faict touour enrager
Et qui ne croyez pas les voir jamais changer
Amené^{des} Icy dedans nostre boutique

OPERATEUR CEPHALIQUE

Nostre boutique, aussy n'est point iamais deserte
Toutes sortes d'estats et de conditions
Iour et nuit en tout temps elle demeure ouuerte
L'on y voit aborder de toute nations

De quelque qualité que leur testes pusse estre
Nous y mettrons si bien la lime et le marteau
Que la Lune en son plein fût elle en leur cerueau
Au sortir de chez nous vous en serez le Maistre

On ameine en vaisseaux a cheual en brouettes
Sans intermission lon nous faict trauailler
Nous n'auons pas le temps mesme de sommeiller
Cartant plus nous viuons, leurs testes sont
mal faittes

A L'enseigne
TOUT EN EST BON

Ceans Mr LVSTVCRV a un secret admirable, qu'il a apporté de
Madagascar pour reforger et repolir sans faire mal ny douleur
les testes des femmes Accariastres, Bigeardres, Criardes,
Diablesses, Enragées, Fantasques, Glorieuses, Hargnieuses,
Insupportables, Lunatiques, Meschantes, Noiseuses, Obstinées, Pigri-
esches, Reuesches, Sottes, Testues, Volontaires, et qui ont d'autres incom-
modités.
Le tout a Prix raisosonnable aux riche Pour de l'Argent et aux pauures Gratis.

LE MASSACRE DE LVSTVCRV par les femmes

Il nous est besong et necessaire pour nostre repos d'oster du monde cest ennemy de nostre sexe
ce forgeron d'enfer qui se veut mesler de reforger polir et rabonir nos testes pour contenter lesprit bourru
de nos ialoux maris qui croyent faire beaucoup de nous enuoyer chez Lustucru ils ont beau dire il n'y a
point ce secret qui nous puisse faire autre que nous sommes, c'est pourquoy, afin que des ormais il n'y ait
plus ce forgeur si impudent qu'il n'en sort iamais parlé alons toutes mettre fin a une si glorieuse entre
prise donnons luy cent coups apres sa mort mettons le en piece, portons sa Diable de teste par tout
en mong de nos courage alons mettre le feu au vaisseau qui vient

Vous le Diable
Lustucru est mort

Lustucru
mort

Compagnie
de Lustucru

Helas mes
dame
ie vous cri
mercy

COMPLAINTE de LUSTUCRU
par Maris Martirs

Puisque autre vous bien lama si la
se laisser massacrer Lustucru et bien
menager de vos menagers celuy qui a tant
et reforge a rabonir les testes de vos mai
quel fane, quey faut il que i'aye tant
pour pour decouurir ce rare secret et en eb
Mal recompencé songe donc a me secouir
Promtement car si vous attendé ma mortte
perdus n'ayant plus de Lustucru nos
femmes vous feronr enrager plus que i'a
tu, a le voy bien que mes cris sont perdus le
double, cette Diablesse nous surprise a Dieu

il y a plus de Lustucru

LA METAMORPHOSE de LVSTVCRV
en forme de Meunier pour r'ajeunir les Precieuses

L'INVENTION des FEMMES
qui font oster la meschanceté de la teste
des hommes et les font marquer a l A
pour marque de bon mary

Apres leur
auoir ost é
la meschan
ceté
On le
mainte Puis
on le marq
a l A pour
le rendre
Bon Mary

Vne femme qui regarde penser
son Mary dit M.re lespargné pas incisele
bien auant a celle fin quil ne me batte plus

Laquiet ex.   71

Vn charlatant dans ce tableau   C'est homme par luy garrotte
Incisant bien pres du Cerueau   Fait que ce quil à de malice
Soit par hazard soit par caprice   Se change soudain en bonté

On m'appelle GVILMETTE, POVR SI PEV

Car j'y ay regardé

Ce mot prouient des Halles et de filles vous m'entendé bien.

Je donne au sexe vn remede
Pour guerir des hommes
la ceruelle Et ayant vsé
de mon medicament Ils
aymeront les Dames Par
faite ment.

mon coeur

ma
bette

mon
Soulas

mon
Souhait

mon
Plaisir

mon
suport

mes
Pensée

ma
bonne

ma
dine

Laquier
es.

Qui a des lunetes
sur le nez, faisan
des enfans il
les fuit niais
Pour si peu Car j'y ay regardé

Sott je croy pour si peu
Car j'y ay regardé

Car j'y ay regardé

LA GRIGNOTTE

Lagniet ex.

AVX LECTEVRS

Que l'on Apele Amour grotesque en la Vieillesse, ce n'est pas pour toy que le feu m'enrage
Qu'on Raille si l'on veux de mes Vieilles Amours, chauffe
Aiant Comme elles ont leur sourfse en ma Jeunnesse
On en poura Jamais Interompre le Cours
Ce petit Dieu D'amour Cette Ange de mon Ame
Par qui malgré les ans Je say vivre en la flamme
Tout Jeunne qui paroist est le pere Des Dieux
Je veux faire l'amour a ma Vieille Perrette
Je n'en Rougiray point quoy que l'on en Caquette   Thiboust fecit
Le Vieillart doibt aimer Puisque l'amour est Vieux

La magnifique Reception faite par le Magister d'Aniere aux Deputez de Vaugirard et Greffier de Villejuifue

I. Accourez sortez des tanieres / pour voir la fleur du traquenart / de Ville juifue et Vaugirard / caracoller dedans Anieres.	II. Nous venons en bel equipage / nous deputez qui sommes un / demander pour le bien commun / Vostre grande fille en mariage	III. De ces cornes ie vous fais fefte / Mon bel oison farcy d'amour / Vous asseurant que quelque iour / elles orneront vostre tefte
IV. Bien qu'au travers de mes lunettes / Jeune coeur qui tenez le mien / Asseurez vous que ie voy bien / que pas des plus laides vous n'estes	V. Juge un peu ma soeur Catherine / voyant mon amoureux transi / et le poil de son asne aussi / lequel de deux a meilleure mi...ne	VI. La porte ne vaut rien qui vaille / et nos asnes sont fort fougueux / afin de nous recevoir mieux / abbatez un pan de muraille.

1. Trompette ou vacher des Deputez de Vaugirard

8. Escoliers d'Aniere

4. Greffier de Villejuifue

Les Deputez de Vaugirard nous sommes un.

6. Escuiers

Magister d'Aniere.

...oit bien la renommée
...Ville ou nous abordons
...us nos asnes de chardons
...ivre fort bien nommée.

VIII. Voy piarot le bel Ambassade
Aga son asne comme il rit
crions il a chié au lict
Apres ce vilain mascarade

IX. Receuez beaux asnes bastez
Les honneurs que vous meritez
Et vous enfans criez chantez
Bien venus sont les Deputez

A Paris chez Iacques L'Agniet sur le quay de la megifferte au forlouefque

Griffar vray portrait de poupée,
Du Mestie d'Oiseleur penetrant le secret,
Prend les vesses a la pipee'
Et les estrons au trebuchet

A Paris au Fort Leuesque 1663.   I. Laniet

Ac'bien Rengorger de bon' grace,
Ac'bien apparoistre tout corusse
Deſire Come je garde bien,
Leopariol et liliolit,

Il se fault garder du deriere d'une mule, du devant d'une
femme et d'un ministre de touts coſtes.

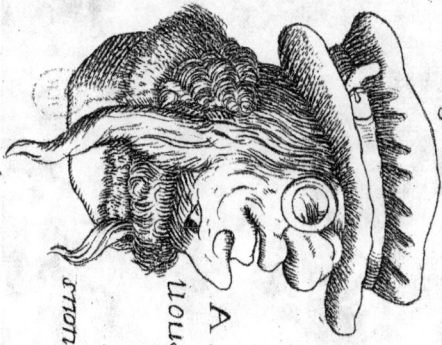

Teste a teste come,
Fourbiſseurs.

A la mechente femme
Nous ne la conoiſies pas.

Nous n'aurions
Aſso... des poireaux flotes...

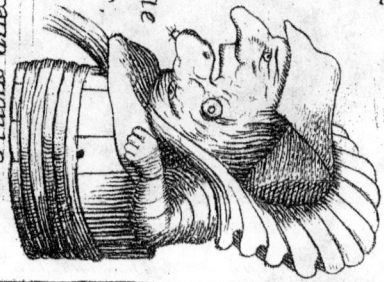

Le pauure miniſtre, toutestourdi. Cette arangere dans son baquet,
ne s'escoute pas un mot de ce qu'elle dit, ne part perdu son coquet.

Iac. Lariet excudit au Fort L'euesque. 1663.

Le Vin me plaist dans sa Couleur   Et quand mon Amen est un peu Blesee
Il Resiouit et Chasse la Douleur   Ie naj iamais de mauuaise Pensee; 75
Dedie a tous les Bachiques, par leur fere   en Bachus Jacq. V.Agniet. Excud. auec Priu.

Raillerie d'un Crieur de Pimpelaine.

La fagoterie tout en est.

Quich que aura
trouué vne fille
agée de 15,
ans de poil
blond la ra-
mene au logis
du Crieur et
il aura vcon
vin de lin
dindin.

Lagnet ex.

Contemplez ce viellard faire vn cry par la ville   Au bruit de sa Clochette tout le monde s'assemble
Escoutés son discours il est des plus plaisant   Ou dans cet entretien vn chacun rit si fort
Il cherche, se dit il ,vne fort belle fille   Que voyant ce tableau on ne peut ce me semble
Esgarée depuis peu et aagée de quinse ans.   S'empescher auec eux de rire par accort.

Scheu, Ick met, tgelaet
vvonders, te beginne:
siet my metter daet
belde de vyf Sinnen
Smaeck, door myn gesmboor
sicht, door den bril
Reuck, tgevoel, tgehoor
oon Ich door den bil

Vous rirez de me voir dedans cette posture
Mais si considerez jugerez à l'instant
Que represente icy les cinq sens de nature

Pour la veuë sur mon nez vous voyez la lunette
Et pour l'attouchement sur cette fesse la playe y gist faite
Pour le goust du pettun pour l'ouy et l'odorat un pet
Et voila les cinq sens tout nies:

D'estre immortel du corps, n'y a poin d'aparence: Car nous voyons l'annee, et les quatre saisons,
Ensemble aussi la Lune, aller en decadence. Ils renouuellent tous, mais nous ne reuiendrons.
C. Hulpeau ex. L. Spirinx scul.

Voicy la figure d'un MONSTRE trouué dans l'Isle de Madagascar apresent dict S.t laurent dependante de l'affrique par vn Cap.ne d'vn Vaisseau de Mons. le M. de la Meilleraye Il est apresent a Nantes en Bretaigne, et seras bientot a Paris

DESCRIPTION DE L'ISLE OV A ESTE TROVVE
CE MONSTRE

Ceste Ille a plus de 300 lieux de lon elle est abondante en tout ce qui est nessaicaire a la vie humaine come ris coton sucre limons de noix muscade gingenbre safran santal rouge canes a: sucre l'arbre Bananas ellesphans boeuf chameaux lions leopars cerfe dain cheureys poulles brebis auquel brebis leur queux pesse plus de 12. les habitans y sont partie Mahometan et partie payen les François y ont habitation Scauoir a Menhal manasias et autres places

C. S. Sebastien

I du lion
Isles de Comozo   I de bugi
I. S. Christophle   I du S.t Esprit
                              Amarage
Abitans de
la dict   Gingangora
Isle   Ange
        Cachy
R.e de S.t Andre
Golfe de Madaame Marie
de Cunha   I. S. Marie
Terre de S.t Andre
            Amas
            deaux
Baie Plaisante
            Art
Bou et Sable
            Mamato   le Bout du bout
Terre delicé
les Antaivres   Abitans de
Ponhanan   la dict Isle
        la Proult
        de Manamara
            Port au Prunes
de
Port S.t vincent
            Tamanene ou
Bou de Iudee Terre Rouge
            les Métalanes
Port S.t Augustin S.t Iaques   Port aux Gallions
        les Tapales   Port des
        Asparouge   françois
Bois de Citronies et Orangers Maiba
Amboul   Monatenge
Manasias 2.
habitation des François habitation
Cap S.t Iulian   des François
            Amanhal   Tropicus Capricorni
Port de   Ramale   Port ou abordent les François
Tonohaia   Fort Dauphin aux François
        Antipera

Ce Monstre est d'vn naturel doux et traictable qui parle vn certain langage que l'on ne comprend point On lui a apris afaire le signe de la Croix et l'on a consulté des Docteurs en Theologie et en Medecine pour scauoir si on lui peut donner le Bapt.me Ils on

Il est aduis desus son qui
comme vn singe
il a plus de malice que ie
n'ay de bonte
il est plus ruse qu'vn singe
de 30 ans

il ne faut pas appren
dre a vn vieux singe
a faire l'amour

Mettez vre
ne dans mes
affaires et
vous sere
en bonte
rante

il n'amasse que
des pous

c'est pour nostre Nl

De Schermnckel in heuren wercke ronf

Die is dat de gheheele Werelt verslont,
Ende om dit te verstaen in het clare,
Den Ackerman is ghegheten van den Woeckenare,
Ende den Woeckenare in alle Prouincen,
Die zijn ghegheten van de groote Princen,
Ende de Princen dit machmen mercken,
Die zijn ghegheten vande Clercken,
Ende de Clercken dit machmen aenschouwen,
Die zijn ghegheten vande schoone Vrouwen,
Ende de Vrouwen, dit moet ick vermanen,
Die zijn ghegheten vanden Roffianen,
Ende die Roffianen in alle canten,
Die zijn ghegheten van de Sergianten,
Ende die Sergianten als Coustumers,
Die zijn ghegheten van de Taverniers,
Ende die Taverniers met langhe Haeijen,
Die zijn ghegheten van de quaede Paeijen,
Ende die quaede Paeijen moeten deur armoede verhuijsen,
Voort soo wordt hij ghegheten van de Luijsen,
Ende de Luijsen worden ghegheten vanden Schermnckel plat,
Alsoo loopt alle des Werelts schat,
Achter deur tScherminckels Eers-gat.

C'EST POVR RIRE

Le singe barbotant qui en a fuce abonde,
Deuoe et fait passer les richesses du monde,
Pour entendre cecy sachez pour le premier,
Que l'agriculteur est mange de l'usurier,
Les usuriers apres sont en toutes prouinces,
Mange et deuorez des Seigneurs et des princes,
Les princes et seigneurs sont mange et destruits,
Comme on voit clairement des clercs mal instruits,
Et les clercs sans souci par amoureuses flames,
Sont mangez par l'auise des plus belles dames,
Les Dames qui n'ont soing que caualier les bras,
Sont rongees par loin des trompeurs ruffiens,
Les Ruffiens paillards remplis de l'hanne,
Sont mangez et gastez des Sarcants par enuie,
Les sarcants officiers sont buueurs aux tauerns,
S'en trompeusement mange des tauernes,
Les tauerniers vexees mal payes sans proues,
Sont gastez et mangez de l'ancre odeneque,
Et la pauurete cause vn orgail veloque a tous,
.... les sang sont deuorez des poux,
Et les poux sont mangez du singe d'Arabie,
Ainsi passent les biens du monde ....
Laquiet excudit auec

CVYER GIRARD.

Chalons

D fur fa jument reuenant de Chalon
quile comme vn finge au fon du violon.
donne l'alarme auffi toft qu'on l'accofte;

Lagneaa

Vn regiment d'Enfans ne l'abandonne pas;
Mais pour s'en defuurer au lieu d'aller le pas
Le pauure fot qu'il eft que ne prend il la pofte.

LES CINQ SENS DE NATURE.

Voyez le Chien de Jean de Niuelle
qui dance auec sa damoiselle

Vie de bons vallets les mestres ny sont pas
Il faut bien employer le temps de leur absence
Les rats et les souris a leur tour vont en dance
Quand ils voyent dancer et les chiens et les chats

Lesquez est a tel point, quen ce temps ou nous sommes
On ne peut discerner quatre nos legers.

Estats, rangs, dignitez, profunce ou sievez
Et magnifiques habits y sont parez en hommes.

Lagnet ex. ...

LE PRINTEMPS
Les Fleurs de l'amour

Amoureux aimable ailé porte carquois
incertain mignard doucet imperieux audacieux   Cupidon
beau inuincible tremblotant folastre guerrier
mondain captiuant monarque j.er né des dieux
indōptable delicat gouuerneur du monde en
uieux ialou uolage doux amer opiniatre esemin
tendrelet   dissimule
puissant cha chardons espine pensie gratte illeux
                    soucis   cu

Amoureux passioné douloureux secret disp os frisque mignon ventru glorieux folastre pressant aueugle
insensible muet pensif triste bigeare engalanté enfariné emperruqué fretillant basti fantastique menteur bran
muguet panaché parfumé fringant affable Ieune genti beau danseur courtois douillet frisé freluquet prodigue
sapin doux parleur esuellé gracieux

L'ESTE

LE CHAVD AMOVREVX

Helas en quel estat vos beaux yeux mont reduit
Vous embrochez un coeur d'un si rare merite

Tout mon humeur se fond dans vostre lechefrite
Encore un tour de broche et puis me voila cuit

chaleureux ardent, coupe bled, sec, hauy, brulé, serein, moissonneux, haslé, chaud, voyageur, cuisant, nouricier, couronné d'espies,
marinier, plaisant, ioyeux, poudreux, courier, menager, donne bled, paresseux, peruqué de rayons, sueux, alterant, donne vin, fructueux,
sain, lache, fleury, fleurissant, salubre, amoureux, importable ou insupportable verdoyant recreatif herbu odorant, tapissé, fruitier, fertile, beau, cultiué, delicieux.

A Paris par Jacques L'Aignes sur le quay dela megisserie au sol leuesq̃

Douce contraire douce ennemie dou-
ce guerriere douce amere douce fiere douce rebelle douce inhumaine ai-
gre douce belle rebelle humble fiere

Me voila donc en presse et mõ argët aus-
L'on va tirer de moy tout mon jus goute
a goute

Veritable catareux
teux vineux goũ
fieureux plan
raporte fr
riche
ma

fruictier humide pluuieux ver
teux fu   rieux fumeux
tureux   pommieux
uict   malsein
souil   lard froid
ladif   effueilleux

L'autonne est appellé le grenier le cellier et la plante des humains parce qu'en cette saison est
recueilis la meilleur part des fruicts que la terre produit.

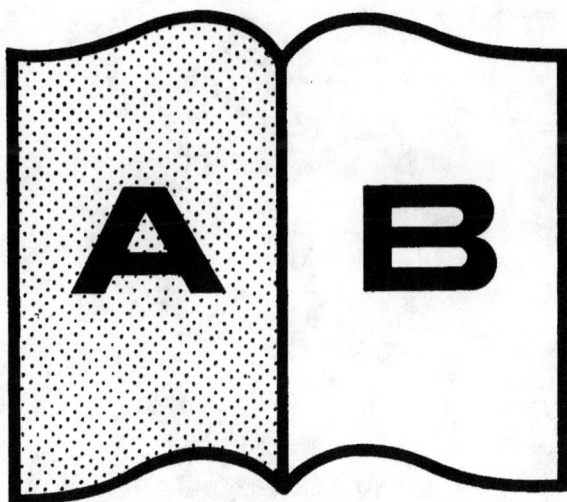

Contraste insuffisant

L'AMOVREVX TRANSY

L'HYVER

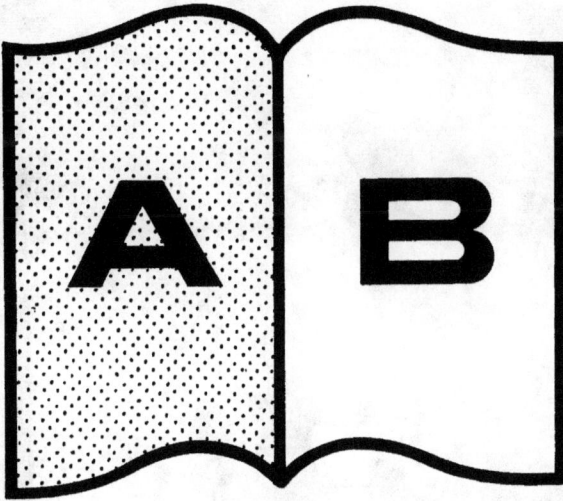

Contraste insuffisant

En ma tendre Jeunesse ie blesse Sans guerir
Et ne le pouuant pas ie les fais tous mourir

L'âme la plus farouche dentre tous les mortels
a mon aspec se rend mesleuant des autels

Ien ay receu autant et ie puis dire encore
quamour ne mabandonne quelquefois l'on m.

L'hyuer

Amour est un gouffre de tous maulx amour c'est le plus sage...

amour n'a rien fron qu'une fumée amour la renommée...

En fin ie me consolle Scachant bien que lamour
vous fera comme a moy et vous ioura d'un tour

C'est vn plus grand plaisir a'rien se balancer
que de garder en salle le furieux, et dancer

Mon Nom est Margot la Musette
d'Esprit ie suis asse bien faitte
lon me croit néanmoins insensé a Paris
Mais ie suis plus sage que femelle
puisque i'atrappe leur pistolle
d'un nombre de badaut qui me
tienent en mepris

Mon Maistre il n'y a plus
d'Enfant a nostre âge

Vous Messieurs les assistens qui nous prenée pour des niers, mais nous prenans par un beau biet, a la Chasse
ves finance, et scait si bien de mon violon, tirrer tous vos teston, par mais Chanson et parolle, mais a
moing de voir le douzein, mon violon na point de corde, et vous donne du chasse cousin.   Lagniet ex.

LAMOVR FRATER
NELLE VN BARBIE
RAZE L'AVTRE

Compere Razons nous Ratisons nous la Machoirre   Preuenons le Malheur quitons le danger   Lagnet ex
espargnons nous ces le temps si nous voulon manger   Et gardons nos cinq sols sera dix sols pour beier

Le Medecin d'eau douce

Ce vieux reueur pour la Migraine,   Comme vn remede Salutaire
fieure tierce, ou fieure quartaine,   donne a boire de belle eau Claire
et tous les maux en general   n'est ce pas vn franc animal

Lagniet ex Auec Priuilege

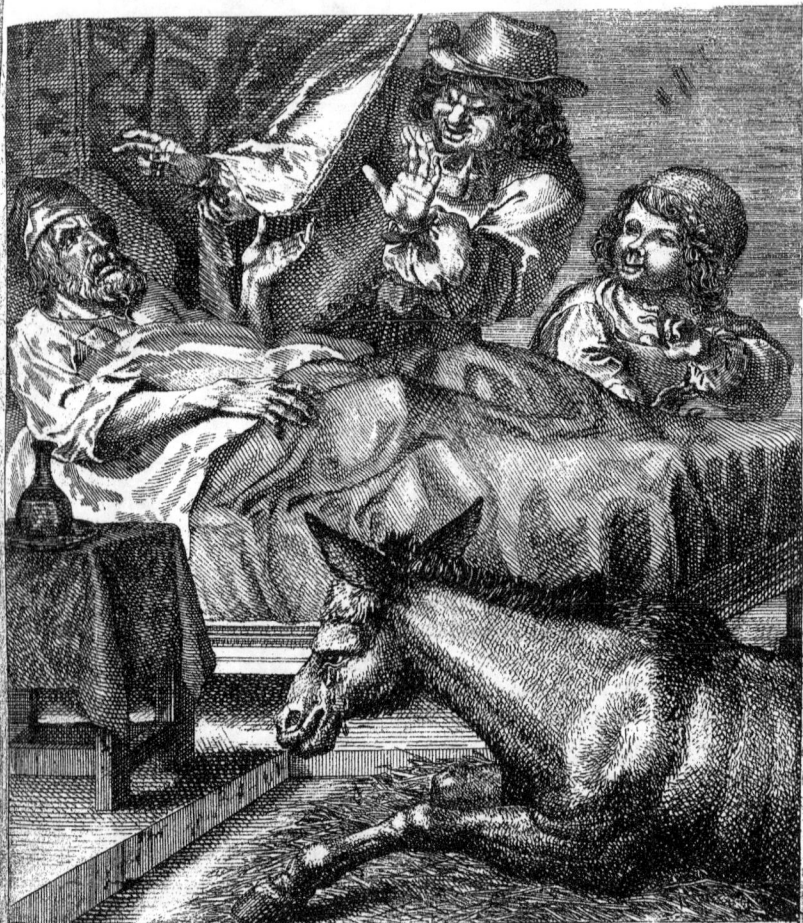

Le Malade faute de Maladies

Voila ce Scauant enpirique   Ces gaillars le voyant si blesme
qui se meurt faute de pratique   disent en se mocquant de luy
ne viuant que du mal d'autruy   Medecin gueris toy toy mesme

Lagniet ex. auec Priuilege

Le Braue Operateur

Les Operateurs pour nourices
ont de venus les malefices,
et de la table les exces:

Celuicy pourtant fait merueille
Ordonant le Ius de la treille
Contre la fieure et ses acces

Lagniet ex Auec priuilege

L'auant coureur de la mort

Ainsy ces charlatans en housse   Mais quoy qu'ils mettent dans la biere
portent Souuent la mort en trousse le laboureur du Cimetiere?
qui guerit les gens de tous maux: Couure en mesme temps leurs deffauts

Lagniet ex. Auec Priuilege

LA FESTE AVX ESPAGNOLE

Voyez ses pupant qui fon les braue   Auec des Oignons et des raues
qui non que des racinnes et des raues   Nous auons dompte les plus braue
et pour tout mets et tout poisson   Mais les francois auec vne tranche de jambon
non que Sibouile et Oignon en leur Maisons   Nous ont mis Charle le Roy henaut flandre a la raison

Marchand qui pert ne peut rire

Lagnet ex: auec Pruilage

Les Tauernier et bons garsons
font la feste aux bons Jambons
Il ne se voit point de Jambons mechant
comme il se voit beaucoup de Jeans

Auec la bouteille et la tranche de jambon
Nous auons reduit l'espagnole a la raison

Lagniet ex

auec Priuilege

Le Capitaine des Enfarinez

Iodelet
Ie vous rendray si blanc
que tous les artisans
Voyant sur vostre chef tant de
farine esparse
Au lieu de vous nommer la
fleur des Courtisans
Vous prendront comme moy po.
valet de la farse.

Le Musnier gn'al des Ames
Vous en aurez muguet et de
la plus subtile
Les Enfans vous voyant riront
comme des fous
Et ie suis assuré que par
toute la ville
Chacun nous laissera pour
courir apres vous.

Plainte des femmes.
Que tu seras bluté beau miracle
d'Amour.
Pour embellir ta hure il faut
tant de farine,
Qu'auec iuste raison l'on doit
craindre qu'vn iour,
Ta teste dans Paris ne cause
la famine.

Le Sauetier sçait plus
de   pratique
que le praticien ne sçait
de manicle

Il vaudrait mieux demeurer
sous vn toit ruineux ou
le vent et la pluye don-
nent de tous les costez que d'auoir
a uiure en la conuersation

d'vne femme querelleuse

Ce pauure Sauetier pour contenter sa femme,
En vin tient pied a boule a tirer le fil gros;
Cette vesse a tous coups luy vient chanter Sagamme,
Sans jamais luy donner ny treue, ny repos

Les cornes ne viennent qu'a Ieunes bestes
tel est genin qui le sçait bien
et sa famme n'en sçait rien
en   fait de cornes il n'en
          n'eschappe pas qui
                    veut

Il est
     né
et moy en
corne

A la corne

A la corne jenins, c'est vostre confrairie
Vous y deuez venir pour vous faire enroller
Au liure des martyrs, et si la fascherie
Vous attriste, en biuuant allez vous consoler.

les fames ne tombent iamais le nez en terre
l'on void choses coutumière famme tomber en arriere

La voyla libre enfin, elle Sen est deffaitte
A grand coups de baston et de pied dans le cu;
Affin d'entretenir Son mignon de couchette
Qui remplit cependant la place du cocu.

Ce n'est mye des fammes ce sont des Diables

Ces diablesses icy viennent troubler la feste
Et chargent leurs maris d'injures et de coups
L'un a le nez cassé et l'autre sur sa teste
Esprouue ce que c'est qu'une femme en couroux

Picart excudit

Il n'est pas maistre en sa maison
il n'a que ce qui merite

Euite malheureux cette affreuse megere,
Tu n'es pas assez fort pour soutenir le choc;
Ce traitement est rude, et c'est une misere
Lors que la poule chante et fait taire le cocq.

BACCVS

Ilz n'en sont pas les maistres   Iamais ne se sont veus en telle
                                                                feste

Cocus que vostre joye est de courte durée
Apeine donniez vous sur les premiers morceaux
Que voicy vos dragons qui font des leur entrée
Renuerser pots et plats nappe table et treteaux

Ry Ry Boulliette
mon enfant veu tu la teste
si iauois vn grain de Ce
Ie te ferois rire ou pleure

Pendant qu'a se parer pour paraistre jolie
La coquette Socuippe, ainsy ce pauure sot
Berce eshrene l'enfant luy donne la bouhie
Nettoyé les souliers et fait bouillir le pot.
Soubz les charnie St Innocent a la maitresse porte qui.

Gogaille le diable est mort

Resiouissons nous iamais nous ne nous reuons pas

Quand auec cinq ou six, parmy les bonnes chéres
La femme fait gogaille à tirelarigot:
Le mary verse dboire à ces bonnes commeres
Tout debout teste nue, et croque le marmot

donné dans la rüe S.t denis Auec priuilege du Roy

Elle est revenüe Denise

Lors qu'enfin le galant la coquette abandoné
Elle s'en va trouuer quelque aduocat sçauant,
Qui remontre au mary, si bien qu'il luy pardone
Et la traite en douceur ainsy qu'au parauant.

Elle ploye la thoillette.

Auez vous v'û jamais mieux plier la toilette,
La drolesse en sortant emporte jusqu' au chat
Pour meubler son galand; mais ceste rafle faicte,
Iugez si le pauvre homme est en for bel estat.

Besface
LE TROISIESME LIVRE
DES
PROVERBES CONTENAN LA VIE
DES GEVX

bagage des geux

besface
et
escuelle de bou

escuelle de hou

loisuette merre de vice
ou il ny a rien le Roy per
sest droict
qui ne say son
mestier l'apprenne
il nest pas seur
de son baton

elle faict bien la maupiteuse
tenir en sa manche
netiffi qua
l'honte
s'enseignee

a coquin honteux
platte besace

il n'any bon
piece ny bon ail
amsy va qui mieux
ne peut

pauure et
loyal

il nehem ny
a fer ny
a clou

A Paris Par. I. Lagnet Au fort leueque

Boulonnos fecit

1 B.B.

IL FON BIEN LES GEVX

C'est vn bon frere Saqppeciere   Il nesçauēt quel vilage   L'hiuer nous faict plus
      S'end bien le lard   est leur Clocher   de mal que l'esté nous faict
                                                               de bien
              mal   il nom jamais rendu le pain benit
      mal Sur nest pas   en leurs parroisse   L'ēmestié nen vaut rien
il n'y a Sancté   tout le moude s'en melle
quer'e d'assurance   mal Sur mal   C'est vn estrange
en Sa personne   est Sans   I.   pellerin

              il Sont aussi   finct gens se
              bien yci   melle de leur
              quallitairs   affaire

I. Laquist

A St Michel les petits geux. A St Jacques les grand il nest que dauoir la clef des Champs
il viennet de loger de la rue de la harpe a l'enseigne du Crocq il vont A Monsarra
2 QVI VA LECHE QVI NE BOVGE SEICHE

A le pauura Charpentiere

Il se plaint de son sa aegar il
plus de peigner ou demangeat

Elle a du sang aux
ongles
Sije il fait
leur salue

Colier de misere
de la Guerre des
coups et des poux

Esclavage

3 C'est pitie

que la guerre on n'en rap:
porte que poux et misere.

Baisez Moy Gendarme ie vous tueray des poux

Lagnet fec.

Il est debout comme vne jdolle

Il nous fait grise *mine*

Il est comme l'Oyseau
sur la branche

battre la diane
auec les
dens

Elle est bien fourée pour son hyuer

Les mains en
chapon resty

Vray comme il nege

Il fait le
rommagrobi

fans pieds de glace qui tiens au cul

elle est comme le chat sensible

Couuer le Chauderon

Lagnet ex.

Il tremble comme la feuille

Il ne faut pas recueiller
le chat qui dort

Elle a feu et lieu.

Allez luy dire, et vous chauffez au coin de son feu.

4

Plus il gele plus il estreint

Borgne est le Roy au pays des aueugles
Ce qui vient de la fleute s'en retourne au tambour
Touurés vous vostre chaleur
vous est bonne
Sonnez comme il escoute
Il a la teste bien prez du
bonnet
Je voy goûte d'un
oeil et rien qui vaille
de l'autre
Il n'a qu'une il n'aura
quun double

C'est un homme de bonne guette
C'est domage qu'il est un peu
sourd

Il a la vie et la vielle

Plus loing qu'a vielle

Plus de bruit que d'effet

C'est son baston de vieillesse

5 Musique à porter le Diable en terre

Ce qu'on ne peut porter, il le faut trainer

Qui s'atriste malheur luy vient

Il fait claquer son fouet

A tout perdre il n'y a qu'un coup malheureux

Il aduient en vne heure ce qui n'aduient pas a cent

Il iure côme vn chartier embourbé

Ils s'en vont à versaille

Par cecy tout mal graissée

La queut que la lener pas que tu mieux on

Il est la faim

la pierre d'achopement

6
Il souffle côme vn cheual poussif

Il seigne du nez

Donner du nez en terre

Il est tombé dans le bourbier

Boulonnois fecit

Il n'est si bon chartier qui ne verse ni si bon cheual qui ne bronche

Il ne scait ou donner
de la teste

Il crie côme un aueugle qui a   Il ne voit pas la
perdu son baston   moitié du bon
Il ne leur faut point des   temps
lunettes car ils
ne voient
goûte

qu plustôt   aueugle   Ie n'y voy
que dé   voir mal   goutte
             La boette   Il vaut mieux
             à Perrette   perdre les fene
                          tres que la
                          maison

                          Il en iuge côe
                          les aueuglas
                          dés couleur

                          Vn aueugle
                          y morderôt

côte côe un   Il le mene par un chemin ou il n'y a point de piera
barbet

Cest pitié quand vn aueugle se laisse mener par vn autre

Il n'est pas saoul qui n'a rien mangé.
Or perd beaucoup de chose faute de demander.
Il n'est si bon messager que soy mesme.
Des soupes et des amours les premiers
sont les meilleurs.

Il entend bien quand
on dit tien.
Dieu vous gard de la soupe
et pon pas la chair.
Il est raisonnable il a
mangé de la soupe à 9.
heures.
Ie ne dis mot ie mange
ma soupe.

Mon mouchoir
me sert
de cueillier.

Ils en ont vent
la fumée

babile à la soupe

Tel pot telle soupe

Les bons patissent
pour les mauuais.
Il vaut mieux venir Il ne se soucie pas côme on l'apelle pouru eu quand
a benedicite qu'à grace. l'apelle pô dîner.

8

Les rentes des Gueux sont assignées sur la marmite des riches.

Faire à Dieu barbe de fuere
Il est de la confrerie de St. Hubert, il
n'enrage pas pó. mentir

C'est un bon apostre

Elle fait bien la chatte mite

C'est une bonne lime sourde

Mal vit qui s'amende

Ce n'est pas un
apostre, mais
un diciple

Elle en dit sa patenostre

Cela fait venir l'eau au moulin

Elle a 4 jambes et ne va pas plus viste
Elle seroit bonne pó. aller querir la mort
Les bas tirez en amoureux de Bretagne

9   Pauureté n'est pas vice mais c'est une espéce de ladrerie

Gueux de l'hoſtiere

Arcber des pauures

Chacun portera ſon fardeau
Il eſt bien rude à pauures gens
Chaſſer debors par les eſpales

Pauure côe Iob

Salade à Cautere

À l'Hospital

bon ſang
ne peut
mentir

Pauure chetif et malbeurû
ne ſont ſubiect aux enuieux
Il ne peut ni ne vaut

Le grand Hospital

Il va touſiours ſon grand chemin

les enfans c'eſt la richeſſe des pauures

Le grand chemin de l'hospital

10

Va ou tu peux meurs ou tu dois.   À Paris par Iaques Lagier ſur le quay de la megiſſerie au Forileueſques

Meschant mestier qui fait pandre son maistre

tout le monde fait sa vielleße,
et neantmoins il fault vieillir
ßi par nos faules des jeuneße
la mort ne nous vient aßaillir

qui est a pendre n'est
pas a noyer.

a la preße courent les fols.

A chasque fol plait sa
marotte

Il vaut mieux deman:
der, et mandier que non
pas au gibet gambiller.

qui n'est ou
en demande
ne scut pas
rien

II

C'est grand pitie que d'estre Vieux, mais il ne l'est pas qui Veut.

A Paris.
Par Jacques Lagnet

puce morpion pou et punaize
nous empechem de viure a nostre azze.

FRANCOIS
Puce

ESPAGNOL ALLEMANT
Morpion Pou

ITALIEN
Punaize

il est plus
fin que
celuy qui
trompe

Il s'entendent
comme laron
en foirre
Il vont deux
a deu comme
freve
mineur

il nont pas
les mains
gour des

mal
Jur
mal nest
past Sante
et mal Jur
mal et
San T

Bouloniou fecit

I. Laquel ex

LES QVATRE MANDIENS

Il n'ya que les honteux qui le perde.
Vous ne diriez pas qu'elle s'touche.
Il vaut mieux allonger le brat que le Cou.

Il jouent bien leur personnage
Il s'accomodent bien ensemble
Il non point de different

donnez mani les autres
en om eu / ellenen fera
jamais d'autre
elle se trouue
bien comme
Cela

elle Marche sur la
Chrestienté

Anfiquerans fe. P. lagniet . ex

LHOSPITAL NEST PAS FAICT POVR LES CHIENS

Ie ne sçais qui des quatre est le plus a son aise
L'un n'a rien dans son sac l'autre a cassé son pot
L'autre uit de tabac et l'autre a mine maine
Demande la passade a ce fendeur de groe

toutleur bien s'en ua en fumee

demande la passade

il a la main legere il y a plus d'un
soufflet qui y gite

il faudroit bien
boire pour deux
 air riche

haure sac

viande q gast pour

il a sa boison a gast la cruche

Il est dans les biens jusques au menton

14 Tel fait la faute qu'un autre boit

Il faict bien meilleur estre ou le pot boult tousiours
&ou la broche tournie au feu clair sans fumee
Pieds nus sur le pauè et la gorge enrumee
Que de mourir de faim sur tapis de uelours

Madame de cenez court

Vn homme bien fait pour
tourner3 broches
Froid comme un landier

nul feu sans fumee
tout ua bien quand la
marmite n'est point renuersee

Il n'est que d'estre ou l'on faict bouillir le pot

Il n'est chere que de gueux quand toutes les bribes sont ensemble.

6 On ne sort pas du Cabaret comme d'une Eglise

Attendez moy souz l'orme

L'occaſion dit on eſt chauue
par derriere
Afin de l'attraper il la prend
par deuant
Soubs l'ombre d'un ormeau l'on
voit ſur la pouſſiere
A la dance des gueux les guenilles uont
auuent

Quand tous les gueux dancent les guenilles vont auuent

Il ne ſçait ſur quel pied dancer

touſiours y a
qui dance

Le bled du gueux en faict dormant

Ie ſerure de pigeon

Il fait rage auec les pieds tordus

La iuſtice et l'amour
n'ont point de loy

Il n'a qu'un caion de coſte
qu'il a eu luy bruſle

Pendant que l'un
dort l'autre ueille

Qui dort diſne repos eſt demy uie

Coucher ſur la dure

17   Apres la dance vient la dance

Affis furnoftre cul parlant noftre patois
Rongeant les os reftez des bribes ramaffées
Nous uiuons plus contens de tripes fricaffées
quene font de perdris les plus riches bourgeois.

Il n'y à que les honteux
qui perdent.

Il neftpas foulent
il fe fait fa cuite

Troquerle
marmot

Enfant de Pauis il a la tefte longue

Iamais pareils eus
n'eut belle cuite

Il vaut mieux allonger le bras que le col

qui se loin du plat def
foin dy son prefit

La viande au plus ieune

Crofte de pafte
uaut bien pain

tripes fritessont efcrittes
au liure des pauures gens

Celuy eft bien Pere quy nourit

Si elle la pour le prix il y aura bien à tirer

Il neft fauce que d'apetit

18

Pour bien friper le pouce et rinser le godet
Il n'appartient qu'a ceulx qui sont de nostre sorte
Le plus grand et le moindre ainsy que le cadet
Preste à des souliers la boisson ample et forte

Se renonce à la triomphe
Se jette du cœur sur le carreau
Qui bon lache, bien le boit

Pour trop boire elle a mis son chaperon de coste

Fripe le pou

rinse le godet

hausser le coude

B. ieque de beuvet

soulet de Saylet

Le bons morceaux sont les bons muscaux

toujours boire et point
de souliers. C'est le moyen
d'aler nud pieds

il geule mignonne
est pour les petiz

Les premiers morceaux nuisent au derniers

A Paris par Lalieurs Lagniet sur le quay de la Megisserie au fort L'eueque.

Il a bien chauld qui toÿt ſes habits porte
et neantmoins contre ces francs Narquois
du moindre hyuer lariguéur eſt trop forte
n'ayant aulx pieds que la paillie à le bois

A Jeuneſſe exsiue vieilleſſe penible

pauureté n'eſt pas
vice

il n'ont pas beſoin de fort hyuer

l'apport des sacs

quelque part qu'il aille il se promene
touſiours dans ſes bois

On les entend de loing ils ont des ſabots chauſſez

20 Il doit auoir bien chaud qui a tous ſes habitz ſur ſoy

Quand tu yras par pais ne
dit mal de ton ennemy.

LA MICHE

Il a beau mentir qui vient de loin

qu'il soit rosti boully traisne parmi la cend
Ie ne rencontreroi ne trop chault ny trop froid
Ie suis venant de loing fort
a droit a mentir
et ceux qui m'escoute
plaisir de m'entendre

Rost ou Boully
traisne pour les
cendres

Il ne trouue rien de trop
chaud ny de trop froid

24 Rouge au soir, blanc au matin, c'est la journeé du Pelerin

Venus est trouuée la plus belle par Iean Logne qui brusle pour elle.

Iunon represente la tripiera c'est le couteau de la trippiera qui coupe des deux costez.

Palas represente le Cuisinier de Hedin qui a empoisonné le Diable.

Venus

Paris represente Iean Logne, snuetier du Roy

Paris

Iunon

Palas

Mon oye fait tout

Cupidon

Cupidon est bien parré Represente en singe botté

Mer cure

Mer cure represente le pauure charpentier qui faisoit l'estropié a present vendeur d'alumettes

La Farce ou Comedie des gueux representée par le jugement de Paris en Prouerbe

qui meine femme et asne traine
mutlon piqueure corps a lu gene
bien que lon voie au tableau
que chacun porte son fardeau

L'asne d'Arcadie est chargé
de bonne choses, et mange
chardons, et orties, contre
les riches qui se laissent
mourir de faim.

Chascun portera son fardeau.

L'on voit l'asne marcher, et l'on ne
scait ce qu'il a au pied.

a tort et a trauers

qui femme croit et asne maine son corps ne sera jamais sans peine

LA VIE DES GVEVX AMADOVÉE EN PROVERBE.

Le grand Coesre est le Maistre
des gueux lequel est assis sur le
dos d'vn mion de boulle, qui est
vn coupeur de bources.

ARCHISVPost,
sont des Es-
coliers
des bau-
chez

Marquise, est le nom
des femmes des gueux
qu'on appelle marpaut.

Il se carre comme vn pou sur vn tignon.

LE GRAND CÖESRE.

Venir a la rangette.
MARQVISE.

Cagous, sont ceux
qui sont porter honneur
au grand Coësre

Faire obenigna
CAGOV

A tous seigneurs
tous honneurs

ORDONANCE
DV GRAND
COESRE

Mion
de marque,
mions, sont garçons
marques sont filles

Cracher au bassin
Il a bien plu dans
son Escuelle

Il a bon dos

A Paris par Iacques Lagniet sur le quay de la Megisserie pres le pont au

À L'OFFRANDE QVI A DEVOTION.

228

Rifodés font ceux qui dient que tous leurs biens et maisons ont estés bruslés.

RIFODE

Marcandiers, font ceux qui font les marchandeualisez, qui dient auoir perdu tout leur bien.

Mettre les Hola.
MARCANDIER

Millards, font ceux qui portent vn grand bissac sur leur dos.

Mal sur mal n'est pas santé.

MILLARD

Il n'a pas enuie de le nourir.

Tel pense fraper qui tua

La corde a vous

A battre fait l'amour

26   I. Lagnet ex.

IL FAIT DANGEREVX AV BOIS QVAND LES LOVPS SE MANGENT LVN L'AVtre

LE CONSEIL DE TROIS

Coquillards, font ceux, qui
dient venir de S. Iacques
et S. Michel.

Et celles

Il est tout en Dieu fors que le corps et l'ame.

Sabouleux font ceux
qui dient estre malade
de S. Iean, et qui met-
tent du fauon en leur
bouche pour les faire
escumer.

C'est vne estrange pelerine

COQVILLARDE

CONVERTY

Conuertis, font
ceux qui changent
de religion, ayant
vn certificat
en leurs mains.

SABOVLEVX

Ce n'est qu'vn
baueux.

Elle fait bien la
Ste Nitouche.
Encor que la
menteuse soit
bien puni elle
elle toujours
vaincue.

Le papier soufre
tout.

Dire son chapelet et couper des
bourses, vn peche
efface l'autre.

Fin contre fin n'est pas bon a faire doublure.

I. Lagnet ex.

A QVI VENDEZ VOVS VOS COQVILLES, A CEVX QVI REVIENNENT DE S. Iacque

Il est de la Confrairie de St Hubert,
il n'enrage pas pour mentir.

HVBIN

Hubins font ceux qui
dient auoir esté mordus
de chiens enragez et
dient aller a S. Hubert

POLISSON

Buuons
cela delesso

Vn verre de vin
auße bien vn
homme

Polissons sont
ceux qui vont
quasi tout nuds

Il verse en
laquais

FRANC
MITOV.

Boulonnois feat

Rouler le bois

Encor vn tour de boule et le voila sur le but.

J. Lagnet ex.

29 IAMAIS BOITEVX NALLA DROIT EN BESONGNE.

LES MIRACLES DES GVEVX AMADOVES EN PROVERBES.

Drilles font foldats qui demandent
auec l'espée. Narquois est
la mesme chose.

Drilles font foldats qui demandent auec
l'espée. Narquois est la mesme chose.
Estants reuenus en leur maison, vous leur
voiez jetter leurs potences, faire des fauts,
des gambades, aracher leurs emplastres et
oter leurs jambes de bois. Si voulez en sça:
uoir dauantage voiez le liure qui est appel:
lé le jargon, ou langage de l'Argot.
Imprimé a Troye

Courtauts de boutanche
font compagnons de
mestiers.

DRILLE

COVRTAVT DE BOVTANCHE

Il va comme
a reculens.

lescrouice

NARQVOS

Cela tient comme teigne
Tient Barbier voila
ton Emplastre.

Ou il n'y a point
de mal il ne faut
point d'emplas:
tre.

Meschant ouurier
ne trouue iamais
de bons outils.

L. Lagnet ex.

ILS PAYENT EN MONOYE DE   SINGE   EN SAVT ET EN GAMBADE
50

Voila ... le drolle.

Si vous vous me ... rée dans ce Miroir
Vous vous trouuer ... es plus laid que moy

Sa Naissance

Regnard qui dort la matinée
Na pas sa langue emplumée

LA VIE DE TIEL

WLESPIEGLE

natif de Saxe, Patron
des matois, moralisée
en Prouerbes instructifs
& diuertisans.

LIVRE IIII.

Malicieux com̃
me un Singe.

Fin comm̃ un
Renard.

A PARIS Par Iacques Lagniet Ruë le Gay de
la Megisserie au Fou Laid que 1663

Pour ses Armes un chahuant qui sert de timbre ayant un miroir soubs ses
Ongles et pour supos Un Singe et Un Renard.   I. Lagniet Excu.

il est blanc coe
on pruneau retaue

rotte et etrille su
uentre et par

il est
franc come lozier

vn peu d aide fait grand
bien

et a paru par dessus
le pont de gournay
et ce cause
ses hontes beues

la upila en beaux
teaps blancs

a le pied dans le margouilli.   il nage patauf,   elle pouroit bien mettre de leau   dans son vin.

Vlespiegle est laue par trois fois en vn iour il naquit en allemagne dans le pais de saxe au village
Kneling, son pere auoit nom Nicolas. sa mere WibeKe. on le fut baptise, apres on le porta à vne tauerne, ou il
firent bone chere sur lenfant coe c'est la coutume apres la sage femme prit lenfant et voulant passer vn pont elle toba en leau
auec lenfant p' auoir tropt beu les ayant retire reuienne au logis ou il firent chaufer de leau et en laterent lenf. qui etoit
tout plein de bourbe. &c   lagniet excu. 2.

Wlespieçle encor enfant estone un hôme qui demandoit le chemin par ses subtiles responces sur le suiet que
le dit hôme estoit moitié hôme et moitié cheual et que son pere estoit allé faire d'un mal un plus grand et
sa mere pour honte ou domage et sur la responce du chemin des oysons &c.

Lagniet ex. 5

LE 4. LIVRE
ou se uoit la Vie de

WLESPIEGLE
En Prouerbe

Le Liure de sa vie simprimé a Troye
hez nicolas oudot demeurant rue
nostre dame au chanon de
couronne

...a cheual comme
un S. Grosse

W. s'leiuols

Il est un terrible
Espiegle

onc bon cheual & mechant
homme n'amanda jamais
pour aler a Rome

Il leue la
sentence
il est aussi
tost parduné
que pardonn

Chien hargneux a touſiours   Il montre ſon cul il ne ſera jamais cru
les oreilles deſchirees   en justice

Wlespiegle en croupe derriere ſon pere montre le cul atout le monde.

J. Lagniet ex.

L'espiegle par une rare merueille
Se fend la bouche jusques aux oreilles

Baron de
belle gaule

Il ne voit pas ou est le mot
pour rire

la grimasse
de la ne passee

faites nous bonne mine
et nous la uendez bien.
Il à la bouche en rarecissant
du coste des oreilles

Il est aussi sot par deuant
que par deriere

Il ne scay quelle mouche
la pique
Il est tendre aux mouches

mon songe de cette nuit
un Vilain botté

au Renard il
a chié au lit

Ellen a que faire d aler a monsaucon elle est bien changee
de Voirie.
Elle se soucie autant d un coup d esperon qu in auoiat d un escu

Vlespiegle monté sur le deuant, fait la grimasse a tout chaquun.

I.L. agniæ i.e.

Cest un habille sauteur Wlespiegle   Il ma d reuendre

a la gribouillette

a fleur de corde

qui dance dessus la corde pouroit
bien dancer dessous

lengst pas   jeu d'enfans

Ceux qui deuroient estre les plus
sages sont les plus fols

tout est au pillage

Elle est en colere

Il y uient en tapinois   Pied chauss,   c'est à qui la uule plus fort l'emporte
l'outre nud

Il y aura plus denez que de verre cassez

I. Lagniet

Wlespiegle ayant mesle tous les souliers du pied droit de quantite, d'enfans sous pretexe de faire
quelque tour subtil, sur la corde, leur jette et les fait entrebattre et leurs peres et meres
pareillement.

denuit tous chats sont gris

il a bien la mine dedonner un soufflet a une potrice

Il le prend au crin

grans cheueux de pendart

Wespiegle

Il sort de sa cache il deuische

Ilne compte de rdin

Il cait bien un pot faitbien une potsle

Il ouulire sa Thoileur

Coffre aux outils

Il faut songer a sa Vaissaille

Deux Voleurs emportant un coffre ou Wespiegle sestoit endormy des fait battre en leur
tirant les cheueux l'un apres lautre, et seseuine de leurs mains.

J. L. agnez ex

Onneseauroitvoler si lon ... nu des aisles.
Il leur en fait bien a croirre Wlespiegle.
Ie ne suis pas si fou que ceus qui me regardent

Il refeste les marmouzets sont aux fenestres.

Ils sont plus fous que sages

Il resemble a ceq je trouue en quin tage

bale promesse et ne lentenir, sont aisez a entre tenir.

plus de prosse qu'au bon sermon

Il ne faut qu'un fou pour en amuser beaucoup d'autres.

Wlespiegle assemble tout le peuple de Meyhroch, leur promettant de Voler en leur
presence, c'est un tour de Wlespiegle c'est un moindre de ces tours le galand en fait bien d'autres. Hagnet:

LE LIVRE DE LA VIE DE WLESPIEGLE
s'imprime a Troyes chez Nicolas Oudot rue nostre Dame
au Chappon d'Or Courronné et se vend avec les figures
Par Iacques Lagniet a Paris sur le quay de la Megisserie
au fort L'Euesq.

L'ouurage est
beau il n'y a
point de faute

il y a quelque
chose de beau
qu'on ne voit
point

Il sont de la
Couleur de M.
de Vandome

Ouurir les yeux
pour ne rien var

Il n'y voit goute

Ecacheur d'araignée

WLESPIEGLE

Enlumineur de Ieu de paume

Il n'a pas tout mangé
son veau il en a encore la Fraize

Peintre doribus

Wlespiegle entreprend de peindre la Galerie du Land-graue de Hesse

Lagniet ex.

Tel voitles gens quineles
cognoistpas

quinon h.abentargentum
depouillauerunt roboan

Wlespiegle

Voyla vnbeau
payement

Prendre ausaultdulit

Wlespigle

Wlespiegle

Il a vne barbe
desfetierdle
mentparriuet

Elle ale cul chaud

Il est bien caché quilt
cat son noit

Il estois bien confesse et bien roue ie feroit
vne belle ame dluant Dieu

1. Wlespiegle semoque de son hostesse, a staffart disant quil estoit sur la Roue
2. Wlespiegle escorche le chien de la mesme hos. et luy on donne la peau pour sonesict
3. Wlespiegle mit son hostesse endormie leau sur les charbons, ayant dit quil ne
ualloit rien.

I.L.agnidex

L'homme en vices chet tres soudainnement
Mais en vertu se dresse lentement.
De pis en pis d'an en an veyons les gens
Resembler a   escreuire
Laissant   vertu pour prendre vice.

C'est trop solement despendu
Quand pour despendre on est pendu
Qui plus despend quil n'a vaillant
La corde fait dont il se pend.

Sec comme un pendu d'esté

WLESPIEGLE

Il n'entend n'y a dia n'y a hurhau

Il n'est pire sourd que celuy
qui ne veut pas entendre

Il s'en vont a Versaille

Le voila bien planter
pour reuerdir

Maquereaux

Cheuaux de chasse marée ils secouent bien leurs-

Vlespiegle menent la charette ou estoit son M.re le laisse au gibet
Il est temps qu'on doit parler, Temps d'arrester et temps d'alle. F. Lagniet e.

Honneur de ver main au bonnet
Beaucoup vaut peu, et couste et bon est.

Ils ont mis la plume au Vent.

A tous Seigneurs.
Tous honneurs

Il verra ce qu'il a dans
le ventre

Le voila comme un
Cocq dans un panier

Il a le 4 fers
en l'air.

on dit   qu'a   Soufflé luy au cul l'haleine
dinner   vigueur   luy faut.
pour et est levenin
matin

A S.George

Il va du pied comme   Terre chevauchée et demi
un chat maigre   maugée

Wlespiegle tue son cheual se met dedans voyant passer le Duc de
Luxembourg qui luy auoit deffendu ses terres.

I. Lagniet ex.

La confrairie du pot au lait

secarrer coe vn pot a deux ânces

il ne semble pas quil y touche

Celle qui la descoiffée la pouroit bien coeffer

elle sera peignée

prendre du poil de la beste

ils puisvent a mesme

c'est a qui en aura

W les piegle ayant acheté et meslé le lait de plusieurs laitieres a Bremen les fait batire en les obligeant de le reprendre.

Lagniet ex

les voila bien dans les affaires.

Voila deſtranges affaires.

Vleſpiegle

Si vous ne lauez vous le
vous le ſentirez bien, il y a plus
de ſentiment que de raiſon.
Ie ſçais beaucop faire d'telles
medecines

On ne ſçauroit rien tirer
il luy faut muoyer
un ſergent

la quaquelare

vn bon chie vaut bien un bon mangé.

Vleſpiegle ayant ſet ſon cas dans le baſſin y remet l'enfant qui eſtoit conſtipé, et fait a croire
a ſa mere que cette operation ſeſt faité en vertu de ſon remede.

I. lagniet exc.

il fait quic...
il clair de lune
il fera demain
clair de lautre.

apporte lui vn petit bout de chadelle
il ne scait plus cequil veut dire

Voila vn bel ouvrage

il aboie a la lune

Vlespiegle servant vn boulanger a mon
fort il lui demande de la chandelle pour
bluter le boulager lui dit ie ne done point de
chadelle, blute au cler de la lune Vlespieg prime
vn bluteau et le pendit hors la fenestre et bluta
la farine sur la terre le boulenger s'estant
leué pour cuire trouue lespiegle en besô
gne qui lui dit que faite uous la ce que vô
mdues comande vlespieg uoiant son mre
fasché lui dit la paste de nos voisins est preste il lire querir
te boulenger en colere lui diuallez au gibet querir ceque uous
y trouuere il y ua et apporte des os d'un laron croiant que son mre en uouloisfaire dupain et

Vlespiegle servant vn boulanger de Monfort blute de la farine au clair de la lune
la quarte ex
14

attendez moy vous lor me

qui a du pain ne meurt
pas de fain.

pain perds

le Mitron

de tel pain souppe

quand il y en
aura 10. nous ferons
vne +

Wlespiegle escroque le pain d'vn boulanger pour porter a sa mere il sen va en la maison d'vn boulanger
disant enuoyez a mon maistre du pain et venez auec moy monseigneur vous paira. Wlespiegle auoit vn sac au
quel le boulanger mit le pain. Wlespieg, etant loin de la maison il laisa tôber vn pain par vn trou, qui etoit au
sac dans lordure il mit le sac a terre et dit au seruit' ie n'ôserois porter ce pain coure en querir vn autre mais il ne
trouva plus lespiegle.   lagniet ex.   8

Vlespiegle   Il Commande a baguette   On le prendroit pour honeste homme.

Il est bien monte   Il ni prens pas garde   Enfans de la Messe de minuit qui cherche Dieu a tastons.

Il trompe sans trompette

Ils ne voyent pas la moytie du bon temps

Son Argent sonne come du cotton, et est de la Couleur de Mr. de Vandosme

Ils croyois niuoir ce qui none pas

Il crie comme vn Aueugle qui a perdu son baston

Vn Aueugle mene l'autre

I. Laguet ex.

Vlespiegle fait semblant de donner 20 florins a 12. Aueugles pres la Ville d'Hanouet

Ne vous soucié pas du ventre
Car chacune viande y entre

Il se tient mieux à la table
qu'à Cheual.

Cheualier de la table ron
de

Il n'est pas de grande
vie quand il est soul on
le nourriroit d'un primeau

Encore .... chopine épui
je .... nteron

Tous biens sont communs il n'y a
Il faut prendre garde à sa vaisselle,

que maniere de les auoir
Tout par plats et par Ecuelles.

Quel releué mou .... tache . Pendu on croq pen .... des chats

Ce n'est pas tout il faut de l'argent

Il estoit soul et voila
bien russis

Il faudroit bien de
telle gens pour nous fraichir

Seruéz Godart sa femme est en couche .

Ceux qui nous doiuent nous demandent

Wlespiegle apres auoir bien diné a Bamberg pretend de l'argent pour sa
peine d'auoir bien officie . De quelque part que l'homme abonde
Il n'a que sa vie en ce Monde .

J. gouiet ce

Vlespiegle fait baiser vne teste de mort au lieu de relique il gaigne
de l'argent a quetter.   L'homme en lisant deuient sage Non par fore mais par vsage

Qui me vaudra a gré seruir   Si par trop boire, au landemal   Vn homme qui n'estoit de vin
Serue toujour sans desseruir   Vous branle teste pieds ou main   En testament laissa hier
Suporte tout sans demander   Prenez bien tost sans contredit   Que ne doit juger de vin
N'oster rien sans commander   Du poil du Loup qui vous mordit   Et d'un home sans laissayer

Il n'est vilain
qui par ses
suces

Autant de
depence ch[i]
che que lar
ge

Il met
de l'eau
dans son
Vin

Teste a teste Come
Fourbisseurs

Qui bon l'achete
bon le boit

W.LESPIEGLE

Il tient le bon boit par deuers luy

Vlesplegle trompe le Tauernier de Lubek auec deux pots de mesm grandeur

Laynet ex.

Wlespiegle fait suer un Docteur de l'euesque de Meybroch sous pretexe de le guerir, par ce quil lauoit blasme. te voilla bien malade il a aboi r̄ a manger. le voilla bien chaudement il na que fere dachter des boutons il a des fleurs assez. I. lagniet exc.

il ne faloit plus que cela
pour venir troubler la
feste

l'alarme est au quar-
tier

Vlespiegle
sonne
comme
il escou-
te

V lespiegle se tant loué a vn Comte, pour seruir de guet, pour decouurir les ennemis, le plus souuent o'v oublidoit a luy porter a manger autant que les ennemis prindrent sur le Comte, de Verité ce lespiegle ne sonnoit mot, ce bruit vint au Comte qui luy dit pourquoy cite vous si coy, le ne donne pas dit il p' se repos vne peu apres le Comte fit vne sortie et entendant quil le Comte et les soldats en

entre le
plat et la
dent
il y a bien des
accidens

à la presse courent les fous
l'espée d'vn fou ne tient iamais au foureau
se pensorent faire bonne chere Vlespiegle
sonna la trompette les soldats coururent
a porte mais il ne trouuerent nul ennemis
Vlespiegle descendit de la tour couran't a la
table prit ce qui y etoit les Soldats reuenus le
Comte demit Vlespieg de son office et le fit
soldat et quand on alloit sur les ennemis, il etoit le dernier et en retour-
nant le p' le Comte lui dit vous aués peur d'estre battu lespieg lui dit quand vous et &c.

V lespiegle estant au guet donne vne fausse alarme et vient manger tout ce que les
autres auoient appresté.

Iacquet ex.

il est bien galand

bonne année plaine Vandange.

Il ne scait a quelle sauce
Manger ce poisson.

Il y a bien de belles pésees
dans vn muid de vin.
le bon vin fait le bő sens
il est assez cuit p.^r măger cru
il est a la broché le diable
le tourne.
le vin fait tout dire
vn yurongne ne scauroit
garder le silence.
le vin est le lait des viellars
il a esté nourri dans vn
tőneau. il a veu du pais par
le trou d'vn bő don. il n'i a
sorte de crime que le vin

ne fasse cőmetre
i'aime mieux
vin que trente.

un homme
bien fait pour tourner trois
broches.

W lespiegle tournant la Broche a la caue entre deux tonneaux est trouué par son Mais
tre en cette posture.   26   lagniet excu.

W. Lespiegle dispute contre le Recteur et les Docteurs de Prague

I. Lagniet ex.

Le temps perdu on ne peut recouurer
Parquoy est bon quand temps est bien
ouurer.

Faute d'argent c'est douleur nonpareil
Faute d'argent est vn ennuy parfait
Faut d'argent n'empli point ma bouteille

il donne le bou...

On n'a Jam
ais bon ma
rché de mé
chante mar
chandises

qu'a toujou... pied a...
et la Lance...

Argent...

Tel conte et reconte qui ne trouue pas son conte

W. Lespiegle vend a son ancien M.tre Cordonnier des barils de Merde
pour de la graisse

Lagniet ex.

le bien | mal prit | profit
ne fait | aucun |

il na | que ce ql | merite

iaimero | us mieux | un crEuer qu
aue mã | gea plus | que moy

quel auateur de oie gris

il est de bonne conscience | renôcer | a la triom
il ne ueut rien du bien | phe | ietter du
dautruy | coeur | sur le
        | | carreau

hachis de suisse

ce qui est bon aprendre est bon a rêdre

Vne le rend pas de bon coeur. il aime mieux deux oeufs qu vne prune il aime bien ses parens il na æur deux

Mespiegle par le moyen dvne pôme cuite auec quelque mixtion fait vomir vn holãdois
qui lauoit attrapé en mangeant ses oeufs molets

Lagniet ex

si ce n'estoit la manche
qui luy retient le
bras

tout beau barbier la main
vous tremble

tailleur
et point
laron
miracle.

en pas de
loup

au bout de l'aune
fault le drap

la   Rue

plus miserable
qu'vn garçon
tailleur

au prune   couturier

L'OEIL

il n'en est non plus reste qu'il
en peut dans mon oeil.

Espiegle fait vn loup de drap au lieu d'vne robe de Paisan et rue les manches
au cops d'vne robe suiuant le commandement de son Maistre.

lagniet excu. 24

Rire a gorge deployée

W^lespiegle

qui va au grenier sans chandelle apporte souuent dela Vesse pour du fait

il tremble de hardiesse

Il a veule Loup il ne scauroit parler

A. dieu mon bonet

Les vostre bra esponuoir ... au uien

Ils ne ont pas enuie de rire Vn enfant luy feroit peur

Il est bon Iardinier il fait bien des parterres

plus de peur que de mal

J. Lagniet exc.

Wlespiegle espouuante son hoste d'Izeb en auec un Loup mort

il le suit comme lombre fait le corps.

il fait, comme les grands chiens il pisse côtre les murs

il est comme le fer entre le mar teau et lenclume

que le valet au diable plus quon ne lui demande

soufflez lui au cul lhaleine lui faut

V lespiegle seruant vn Ma reschal de la ville de Rostre qui disoit quand les

Valets ne souffloient pas auec les soufflets le mais et le suiuit et lui dit teraiie et iure querir allé le reporter en iours a minuit pour leuer qu'a 5 heures se parleray au maistre coutume que mes valets les premiers 7. ia mie nuict lespie lit son lict dessus son dos sol Vlesp. fait res ponce que c'est la coutume qu sur le lict que le lict couche sur moy le mre dit a lesp. alli hors la maisô. lesp. mo

assez tre s'en alla lautre le mais s'a place le eueiller ses ualets trouuerent requit fie

suiuez moy pisser Vlespieg porte loy vn des tre dit ie ne maistre fasché qui nauoient estoné Vles le mre lui urs ne and ie couche vne

print vn soufflet soufletir ou le me l'entendois pas ainsi se voulu leuer 7 acoutumé de se piegle leur dit l'en lui dit que c'est la dorme que de dit este vous demie nuict née en haut de la

Vlespiegle seruant vn Mareschal de la ville de Rostre le suit auec les soufflets comme il lui auoit commandé.

Lagniet ex 21

MARCHAND CVRIEVX TPOQVEVR
Trompeur et Vendeur nouuellement
arriué de PANTAGOSSE ou les chiens chie
la poix proche voisin du nior dou vient ce
grand vent breneu en l'anné des fouillemarde
Mil six Cens, Cinq ou sept

Auale se sont
pilules

l'on a jamais bon marché de me chante Marchandises
WLESPIEGLE.
il est charitable il le
tireroit de son cul
pour luy mettre
a la bouche

Prunes de Prophetie

il est degou-
té il ne trouue
pas la merde
bonne

ortier comme
ne Vache quand
l met le nez sur
n estron il
euine que s'est
de la Merde

Il luy fait bon prette
l rend tout aussi
tost

ette du Coeur sur le caireau Il venoit a la triomphe

Wlespigle vend a Francfort des gringuenaudes pour des pruné
de Prophetie a trois des principaux Iuifs de la sinagogue. Lagniet ex.

ne sentez vous rien
borgnesse
qui poulets mange
les poulets mange
plusieurs conte
et raconte qui
ne trouue pas
leur conte

la Reine des aueugles

elle ne voit gou
te d'vn oeil et
de laste rien qui
uaille

de braque
en bouche

elle ni trouue passon compte

escamoter
faire le sla
derriere

Vlespiegle aiant pris vn poulet dit a la seruante borgnesse quelle ouure lautre oeil et qlle
le verra.

laquiet ex. 9

telle gratte sa teste
qui n'est pas content.

qui pert son
bien
pert son sens

Lustu
cru

Cheualier de la courte
lance
le pied a l'estrier la lance
en arrest.

il fait du cuir d'autrui large courroye

tout boeuf chez les
bouchers
et vache chez les
cordonier.

il a trouué forme a son pied.

les Cordoniers font des
souliers et les tailleurs
des robes
il n'ia que les cordoniers
mal chaussez.

Vlespiegle taille en forme de pieds fourchez tout le cuir de son Maistre Cordonier.

lagniet excu. 22

Dos au feu ventre a la table

Dieu & les planetes Amoy le ferdy les plats net...

Grand chere et beau feu

Chaun afontour

Gris noir blanc ou blen il met tout su feu

Il est de la quille pas haute

Vn bon yurongne ne fcait ce que touste eau

Bienheureux qui trouue la nappe mise

Il se trouue mieux table qu'a cheual

Le bonhomme est atrappé

L'homme et la femme trois blanes deux

Il se moque de nous

Ils ont trouué leur duppe

Ce qui vient de la fluste sen retourne au tabourin

Ils sont enferme dehors

bonjour il ny a persone

Wlespiegle trompé par vn fluteur de luxenbour entre chez luy et le landemain luy fermant la porte mangea tout le difne quil trouua prest luy feul.

H.Lagniet exc.

La Court du Roy de Tot tout
le monde y est ministre

Ce n'est pas friandise que de manger la merde

Il me quite d'apart

Mange mon amy grand bien
ce fait

Ah! qu'ils sont pourgris

Camarade comme cochons ils se mangent la merde
ensemble

En place marchande

Voila bien ma-nger sans boire

Je le Roy ne quel... pas nette... tant tandis... prie les gens...
ce qu'il doit

Ils partagent commes freres moitié par moitié. Il n'est sauce que d'apetit.

Espiegle gaigne la gajeure et le prix proposé contre le Fol du Roy de Pologne.
...geroit volontiers ce qu'il chie. Il n'a pas peurdes escornifleurs.

I. Lagniet ex.

Le retourua audra pis que matines.

Maudit le dernier

Par la uertu de mon petit baston

Saulue qui peut

Wespiegle

Prendre au fault du lit

quand il deurot alté a quatres pattes

nd ses jambes à son col

C'est le moyen de faire maison nette

Vespiegle entreprend de guerir, et fait sortir en un jour tous les malades de l'hospital de nurenberg

A. l'hospital les bons Ouuriers En dignites les gros Asnes. I. Laguet execit

Prier Dieu & couper des bources.

Ils s'entendent comme larrons en foire.

Wlespiegle.

Demandez a mon compagon
qui est aussy menteur que moy
ou non tout leur est bon.

Voyle d'un
beau bleu

Il est homme de
Vertu et de
confiance

qu bout de six
fait le drap

Homme de toille habilie de Vilage.

J. Lagni. ex

Viespiegle attrappe par faux tesmoins abilirez, un beau drap d'un paisant d'Osse ayant gage
qui estoit bleu.

elle met sa terre enfriche
pour en deuenir plus riche
elle profite en ruinant la terre
elle n'est pas beste, elle sçait
bien ce qu'elle fait
elle profite sans honneur.

les marmousets vront aux fenestres
elle leur donne de la casse pour les purger

c'est un cas reserue a l'inuisque

elle art de lina elle acasse la cruche

tel n'est pas fou qui le paroist

qu'un en payra les pots cassez

frapper sur ceux qui n'en peuuent mais

tousiours doit estre plus sage que sa mere

il resonne coe piere cassee

a tort et a trauers sa colaire n'est pas grande

Vne potiere casse tous ses pots en presence de Leuesque de Bremen du signe que lui fit W. lespiegle

Lagniet

Cen'est plus ce que c'estoit
Rosignolay
Meilleur que iamais

Reste til quelque trait de ce mauuaix mesnage.
La femme et le mary viuent tous deux en paix
L'un est touſiours trop bon et l'autre faict la Sage
Tellement qu'à les voir tout va mieux que jamais

Voila vn beau presant
Il vaut mieux faire vn enfant qu'vn veau

Grand jean ce beau poupart a sa porte rencontre
Qui n'est pas de son faict et qui s'adresse à luy:
On s'en mocque on s'en rit chacun au doit le montre
De le voir affligé pour les pechez d'autruy

Vendeurs de Teriaque

des Iurognes

Cet emplastre formé tout rond
en guise de Saucisse
N'est pas pour vous nourrice
Il en fault un plus gros et long

C'est ainsy que le Saffranier
baise et caresse sa Maistresse

LE   MALTOIS
Insigne   beuueur d'eau

LE   PEDAGOGVE
DE IEAN   DESVIGNES

Le Maltois rend par sa serence
Tant de aux de differente odeur
Quil semble quil ayt en sa pance
La boutique d'vn parfumeur

En jargonnant en son patois
Maints discours et brocars insianс
Le petit seigneur Jean desvignes
Fait partout admirer sa voix

R. ichey

LA CONCEPTION DES CORNES

Ce pauure sot tout Equené,
Qui croit seul posseder sa beste,
A bien sujet d'estre Estonné,
Quand Cornes luy viennent en teste.

LE IENNIN
PARFAIT

Lecteur cest ainsy que ce fait
La notable Ceremonie,
Pour augmenter la Confrérie
Des Cocus. D'un Iennin parfait.

LE S   RIPAILLE
E Staffier de   la Renoméé

LES
POVRTRAITS
DES
HOMMES
ILLVSTRES
de
Ce Temps

le Preneur de loup par la pate

Liágnet ex.

Soit en parlant l'argot, ou lors que tu bredouilles
Ripaille tu fais voir que le vin, non pas le au,
Te fait nous annonçer qui est de nouueau,
Et qu'on te nomme malle Sergent aux grenouilles.

Ce Gentil homme reformé
Capitaine au temps d'allexandre
N'est plus que d'vn baton armé
Pour s'apuyer ou se deffandre

L'a voistu bien mon Cœur dis moy de quelle sorte
est elle sans mentir et de quelle Couleur
Ouy ma mour ie la voie elle est de feuille morte
mais elle est ce me samble vn peu forte d'odeur

Lagnet ex.

La bauollette amoureuse du Vieillar

Nicolas Tuyau   Guillemette

Vous le mouchez pour le baiser
Plus nettement et a vostre aise
mais il ne sçauroit appaiser
La chaleur de vostre fournaise

Lagnet ex.

Par des discours pleins de Rudesse
Ce niais fuiant son bonheur
Rejette bien loin ces caresse
Craignant de perdre son honeur

Lagnet ex.

Ladres blancs qui se
pour se mettre

font battre et fouet ter
en humeur

Ces derrieres polis seruent de table aus damë
Pour y jouer aus dez aus osselets mignons.

Attendant que monsieur sente d'amour la flâe
Pour mettre son endouille entre leurs deux jambô

Ce gaillart ne lentend il pas
voulant monter dessus sa beste
de luy mettre en son sac la teste
pour Iouir Librement du bas

I. Lagnet ex.

Belle il ne faut vous estonner
Si par cette agreable pluye
Ce gaillard vous farde de suye
Il vous Scaura bien ramoner

I Lagnet ex.

L.ALTERE Pr. fiffre de Bachus

IEAN GIFFLART Trompette de Calais

Ce fiffre cy n'affecte pas
De se rencontrer a la guerre,
Et ne cherit que les combas
Que cause le pot et le verre.

Alors que ce beau mignon jouë,
Et souffle ce bel instrument,
L'on diroit qu'il ayt vrayement
Une vessie en chaque jouë. P.Richer

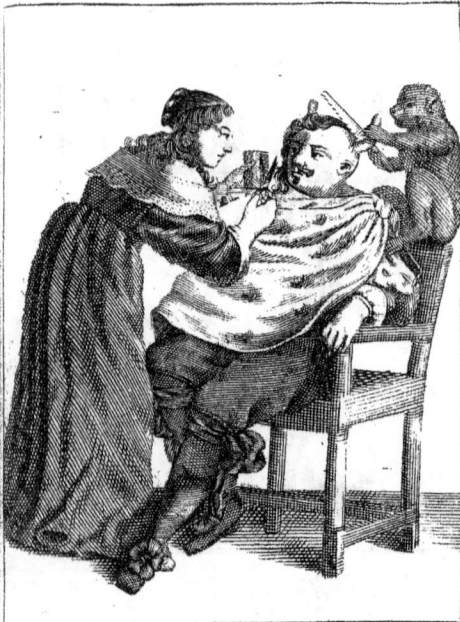

La femme et le singe conuient
agentillere ce Cornard.
L'vn et l'autre a leur aise en viuent
Mais le singe sy pren trop tard.

Cette Barbiere a tant d'appas,
En mettant son art en pratique,
Que ce manant, quoy que rustique,
Luy sauoneroit bien son bas.

GVIGNE A GAVCHE

Attrapeurs de Mulot ou filous deguisez
il joue a lamour

Guign a gauche, dont la boutique
Ne scauroit peser quatre grains,
Est lunetier des quinze vints;
N'ay-il pas la belle pratique!

Attrapeurs de mulot, ou filous deguisez
vous faites bien samblant de n'estre pas ruzez
vous jouez a lamour en attendant la dupe
Ce jeu est trop commun et trop conu, de tout
Inuentez en vn autre ou vostre esprit s'ocupe
Ainsy vous deuiendrez les filous des filous
Iannetez.

LA
CORNOLOGIE

Amour, cette mechante beste,
Qui blessoit les cœurs autrefois,
Remplit de Cornes son Carquois,
Et ne vise plus qu'à la teste.

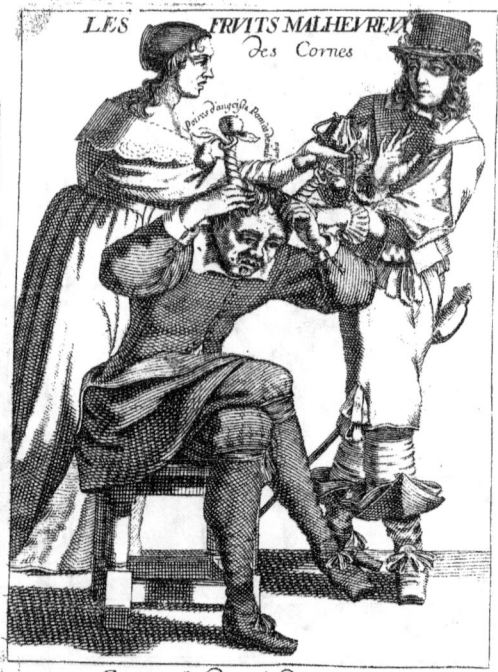

LES FRVITS MALHEVREVX
des Cornes

Cette vesse, dont le desir
N'épargne rien pour son plaisir,
Rend son sot parmy ces escornes
Pauure de tout fors que de Cornes.

Ce luy cy le porte a son col   et lautre le porte a son Cul

vider les differens de ces deux porte cuuettes   Ou bien de tous les deux faites en des lunettes
ce que lon a au cu mettez y vostre nez   lan nous prendra par tout pour des gens retourné

Le Cornar content ou les trois contens

Doctus est ad calicem vigilan ti sterteret naso

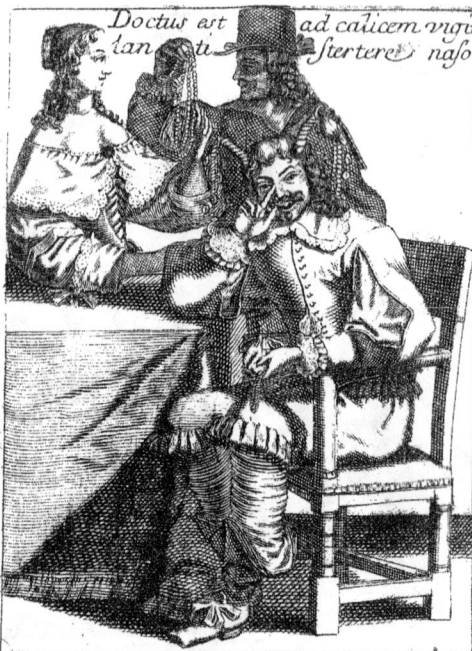

Ce vieillar songe a L'auarice
Et fait son conte auec ses dois
dit que de cinq en leue trois
Reste deux pour son frontispice

Ce Cornard fait le nonchalant
Tourne le visage au galant
Et luy prend sa bource en cachette
Pandant que sa Jeune coquette
Recoit ce Colier a son tour
Pour des arres de son amour

Les Malades et le Sains   LE MEDECIN MERDIFIQVE

Mirez vous maintenant messieurs
En ces beaus Miroirs de Nature

Pour visiter les crudites
De cette puante matiere,
Ce Medecin prent par le nez,
Tout ce qui sort par le deriere.

LE COVSIN

Ainsy d'une action flatatte,
Affin d'attraper le dousin,
Ce drôle, en vous nomant Cousin,
S'en vient vous accolla la botte.

.8.   R S

Voulés vous s'il vous plaist Monsieur que ie vous donne
de ce fer dans le cul Repondes vistement
Pour quoy, vrayement nenny vous este vn Impudent
Monsieur vous este libre, on ne force personne

                                Lagnet ex.

L'espagnol sourd en france

Les temoignages de l'amour

Il luy met bien la bague au doigt
Mais quand au point du mariage
Il est sourd et fort mal adroit
a faire cet apprentissage

Leurs cœurs s'en vont par leur gosier
tesmoigner l'amour qui les blesse

Les auatleurs du gain de toute
la semaine

voila comme le libertin
vuide des deux bouts sa bedaine
mangeant le dimanche au matin
Ce qu'il a gagne la semaine

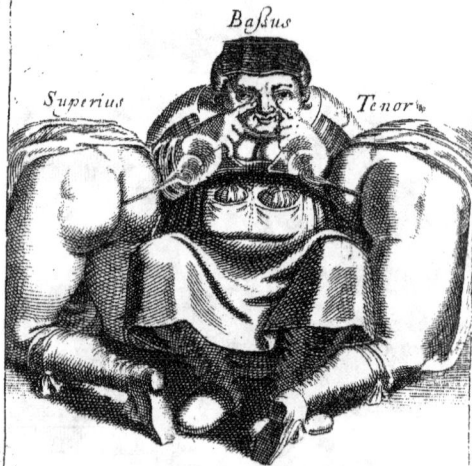

EXCELLENT
TRIO

Bassus

Superius   Tenor

Le Nez de la grosse Gillette
Auecq ces Cuts est bien d'acord,
Mais Jointsy le tien tout dabord
La Musique en sera parfaitte.

Cette diablesse donc la teste
Nentend ny ruie ny raison
faict vn enfer de sa maison
et Jamais Son brat ne Sareste,

LA PESTE AV VIN

D'vne pitoyable Mazier
elle traitte ce pauure sot
qui pleure et nose dire mot
Sentant dechirer son deriere

Lagnet ex.

Dame simonne nous fait voir
Quil n'est rien de plus delectable,
Que désire du matin au soir,
Cul au feu, et ventre a la table.

Endormeuses de mulots

EXCELLENT' IOVEVR
de Baston a deux bouts

Cet entretien est bien complet
L'vn assis sur vn elet
Et l'autre sur vne escabelle
L'on fait la basse avec le cu
Le dessus l'dietze avec son lu
C'est vne musique Nouuelle

L'on peut voir en cette maniere
Les yurognes quand jls sont sous.
Par la bouche, et par le deriere.
Ioüer du baston a deux bouts.

Mechand, fripon tu mas brulé, Monsieur ces le poil qui vous demange.
Il faut que le tetiringle vous navés aucunement blése...

Ce moutardié est bien atrappé,
de se voir par cette fille quilbuté
mis de même d'une bonne Sorte.

Ha que le plaisir est doux
de chier auec Vous

Il ny a rien qui me plaise
tant que chier a mon ayse

Lagné ex.

Lvn les vend lautre les deroͅbe
les rongnons

Lvn les vend lautre les derobbe
les foyes cretes et rognons
la friande bouche las gobe
Auec beaucoup de champignons

IAQVES
LANDOVILLE
Chantre des
Petites Maiſons

Iaque entonne mille chanſons,
Ainſy quvn ſanſonnet en cage,
Hommes, femmes, filles, Garçons
Viennent eſcouter ſon Ramage.

ORLANDE DE LASSVS

Ainsy cette illustre personne
Va chantant par les carrefours
Hymnes et Noels aux bons jours,
Sans refuser ce qu'on luy donne.

Si dans sa musique
Fait voir la grace d'Apollon,
Il montre, étallant sa boutique
L'éloquence de Ciceron. R. f.

LE   SAVOYART
Orphe   e du pont-neuf

LE SEIGNEVR   RIRAILLE
Classier   de la Renommée

LES
POVRTRAIS
DES
HOMMES
ILLVSTRE
de
CeTemps

Ce braue chanteur surma soy
Au bel Oeyl se faict la nique,
Puis que par sa balle musique
Il tire les bestes a soy.

Soit en   l'argot, ou lors que tu bredouilles
Ripaille tu faus voir que le vin non parle au
Te fait nous annoncer ce qui est de nouueau,
Et quon te nomme mal le sergent aux grenouilles.

R F

www.ingramcontent.com/pod-product-compliance
Lightning Source LLC
Chambersburg PA
CBHW070743270326
41927CB00010B/2081